SOMMAIRE

CHECK LIST

L'idée de progrès

Grammaire : le groupe nominal

OK ☐

Grammaire : le verbe

OK ☐

Grammaire : la phrase

OK ☐

DÉPLIANT ET RABATS

Crédits iconographiques pour le dépliant

I, II, III, IV : ph © Wikimedia Commons • V b : ph © Wikimedia Commons • V h : ph © Deutsches Bundesarchiv/Wikimedia Commons • VI g : ph © Deutsches Bundesarchiv/Wikimedia Commons • VI d : ph © GlynLowe.com/Wikimedia Commons

Malgré nos efforts, il nous a été impossible, pour certains documents, de joindre les photographes ou leurs ayants droit, ainsi que les éditeurs ou leurs ayants droit, pour solliciter l'autorisation de reproduction, mais nous avons naturellement réservé en notre comptabilité des droits usuels.

L'épreuve écrite (1) : la compréhension

1

L'épreuve écrite prend appui sur un dossier documentaire composé en général de deux textes en lien avec l'une des notions au programme.

1 *La structure de l'épreuve*

A Deux parties prenant appui sur un dossier documentaire

▶ En LV1 comme en LV2, quelle que soit votre série, l'épreuve écrite d'allemand comprend **deux parties** notées chacune sur 10 points :
– une partie de compréhension écrite ;
– une partie d'expression écrite (→ FICHE 2).

▶ L'ensemble du sujet s'appuie sur un **dossier documentaire qui comprend deux textes** le plus souvent. Issus d'articles de presse ou de romans, ces textes se rapportent à un thème commun, en lien avec une des notions du programme : par exemple, l'immigration (espaces et échanges), les nouvelles technologies (l'idée de progrès), la délinquance (lieux et formes de pouvoir), les héros dans la littérature ou le quotidien (mythes et héros)…

B La structure du questionnaire

▶ Le questionnaire de compréhension écrite comprend entre 4 et 8 questions selon les sujets.

▶ Vous y trouvez successivement :
– des questions **se rapportant à chacun** des deux textes ;
– des questions **vous invitant à confronter** les deux textes et à dégager points communs et/ou différences dans l'approche du thème.

2 *Les questions types*

A Questions fermées et questions ouvertes

▶ Tous les questionnaires proposent une première série de questions « fermées » : de type **QCM** ou exercice à trous.

▶ Vous devez également répondre à des questions ouvertes **avec un nombre de mots donnés** (le plus souvent entre 30 et 50 mots) – en LV1 notamment.

B Quelques exemples

• *Wählen Sie den richtigen Vorschlag und schreiben Sie den korrekten Text ab!*

Choisissez la bonne proposition et recopiez le texte obtenu.

La consigne est suivie d'un résumé d'un des textes, avec des choix entre différentes formulations.

• *Ergänzen Sie folgende Sätze!*

Complétez les phrases suivantes.

Vous devez retrouver les mots et expressions manquants dans l'un des textes supports.

• *Richtig oder falsch? Rechtfertigen Sie jeweils Ihre Antwort mit einem Zitat aus dem Text.*

Vrai ou faux ? Justifiez à chaque fois votre réponse par une citation du texte.

Il ne suffit pas d'indiquer les lignes du texte, il faut citer le passage qui prouve que vous avez compris.

• *Welcher Begriff paßt zu Ihrem Dossier: Mythen und Helden, Raum und Handel, Regierungsformen, Fortschritt? Erklären Sie Ihre Wahl auf Deutsch. (40 Wörter)*

Quelle notion correspond à votre dossier : … ? Expliquez votre choix en allemand.

Voici un exemple de question ouverte. Vous devez faire le lien entre le dossier documentaire et l'une des notions au programme, dans une réponse comptant environ 40 mots (deux ou trois phrases).

3 Nos conseils de méthode

A Comment lire les documents ?

▶ **Lisez une première fois** les documents pour découvrir leur sens général. N'oubliez pas le paratexte (source, titre, notes).

Lisez ensuite les questions, car elles peuvent vous aider à mieux comprendre les textes.

▶ **Relisez le texte, crayon en main**, pour repérer et souligner les informations clés.

B Comment répondre aux questions ?

▶ Répondez **de façon claire et concise.** Restez fidèle au texte quand vous le citez.

▶ Dans le cas d'une question ouverte, faites un rapide brouillon.

L'épreuve écrite (2) : l'expression 2

La seconde partie de l'épreuve écrite est consacrée à l'expression. Il vous est demandé en général de composer sur deux sujets : un sujet d'invention puis un sujet de réflexion (parmi deux sujets au choix).

1 Les types de sujets

A Les sujets d'invention

▶ Vous devez rédiger un texte en prenant appui sur des faits ou prises de position contenus dans les documents proposés.
Par exemple :
– concevoir **la lettre ou l'e-mail** que pourrait écrire l'un des personnages évoqués en réponse à telle situation ;
– faire **dialoguer** deux personnages sur un thème issu du dossier documentaire ;
– développer, dans **un article de blog**, un point de vue exprimé dans un des documents.

▶ **Voici quelques exemples :**

• *Max schreibt seinem Freund eine E-Mail, in der er von seiner Situation und seinen Gefühlen berichtet. Verfassen Sie diese E-Mail.*
Max adresse à son ami un e-mail dans lequel il expose sa situation et ses sentiments. Imaginez cet e-mail.
Vous devez développer ce qui est dit de la situation et des sentiments de Max dans le dossier documentaire, sous la forme d'un message familier.

• *Erfinden Sie einen Dialog zwischen den zwei Männern!*
Inventez un dialogue entre les deux hommes.
Soyez attentif à l'enchaînement des répliques et à la progression du dialogue. N'oubliez pas les tirets avant chaque réplique.

B Les sujets de réflexion

▶ Vous devez **développer une argumentation personnelle** sur un thème en relation avec les documents servant de supports.
Vous êtes ainsi souvent conduit(e) à expliquer un phénomène puis à donner votre opinion. Faites-le de manière nuancée en présentant les avantages et les inconvénients. Pour étayer votre développement, **faites appel à des exemples concrets** ; n'hésitez pas à évoquer votre expérience personnelle.

▶ **Voici quelques exemples :**

• *Meinen Sie, dass man durch einen Film positiv oder negativ beeinflusst werden kann? Erzählen Sie von Ihrer persönlichen Erfahrung.*
Pensez-vous que l'on puisse être influencé par un film, de manière positive ou négative ? Évoquez votre expérience personnelle.
Ici votre expérience personnelle cinématographique est clé. Vous devez retrouver des films qui vous ont marqué(e) de manière positive ou négative et expliquer précisément pourquoi.

• *Sportler, Schauspieler, Sänger… werden oft als neue Helden gefeiert. Wie ist dieses Phänomen zu erklären? Führen Sie konkrete Beispiele an und geben Sie ihre persönliche Meinung dazu!*
Sportifs, acteurs, chanteurs… sont souvent célébrés comme de nouveaux héros. Comment expliquer ce phénomène ? Citez des exemples concrets et dites ce que vous en pensez.
Vous devez décrire le phénomène en vous appuyant sur des exemples concrets. Expliquez-en ensuite les aspects positifs et les dérives.

2 Nos conseils de méthode

A S'appuyer sur les textes

Tous les sujets font référence de manière plus ou moins directe aux documents supports de la compréhension écrite. Avant de vous lancer dans la rédaction, **relevez-y les éléments** qui vous aideront à traiter le sujet.

B Construire sa réponse

▶ Pour tous les sujets de réflexion, commencez par **lister et classer vos idées** sur le thème proposé.

▶ Lors de la rédaction, introduisez le sujet puis justifiez votre point de vue à l'aide d'**arguments progressifs** étayés par des exemples. Une conclusion succincte est bienvenue.

C Soigner la rédaction

▶ Rédigez des phrases qui s'enchaînent logiquement. **Utilisez des mots de liaison**, prenez garde aux phrases trop longues.

▶ Calibrez vos réponses : **respectez le nombre de mots indiqué** dans la consigne.

▶ **Relisez** très attentivement toutes vos réponses.

Relire son devoir

3

Gardez cinq minutes pour vous relire et privilégiez la partie « Expression ».

1 Vérifier la grammaire

▶ **Veillez à la conjugaison** (le verbe est-il faible ou fort ?) et à la **place du verbe** (→ FICHE 39).

Der Autor vertritt den Standpunkt, dass… [verbe fort]
L'auteur défend le point de vue que…
Er betont die Leiden des Helden. [verbe faible]
Il souligne les souffrances du héros.

▶ **Le sujet est-il au singulier ou au pluriel** ?
Évitez les changements de sujet dans la même phrase. Ne passez pas, par exemple, de *man* à *wir*.

Man kann daraus schließen, dass… [pronom singulier]
On peut en conclure que…
Wir können sagen, dass… [pronom pluriel]
Nous pouvons dire que…

▶ **Veillez au cas après les prépositions** : accusatif ou datif, locatif ou directif ?

Es handelt sich um einen Brief. [acc.]
Il s'agit d'une lettre.
Der Text spricht von der Werbung. [dat.]
Le texte parle de la publicité.

▶ **Interrogez-vous sur les adjectifs.** Sont-ils **attributs**, donc invariables, ou **épithètes** et donc déclinés et accordés ?

Sie waren darüber glücklich. [attribut]
Ils en étaient heureux.
Die Welt kennt eine grosse finanzielle Krise. [épithète]
Le monde connaît une grave crise financière.

▶ **Terminez une subordonnée** avant d'en commencer une autre.

Ich glaube, [dass er Recht hat], [wenn er das sagt].
Je crois qu'il a raison de dire cela.

2 Vérifier la ponctuation

N'oubliez pas la **virgule avant toute subordonnée.**

Ich glaube, dass er krank ist.

ATTENTION ! Il n'y a pas de virgule après un adverbe ou un complément en début de phrase.

Heute erwarte ich einen Besuch.
Während der Ferien fährt sie nach Österreich.

3 Vérifier l'orthographe

A Quand utiliser une majuscule ?

La majuscule s'utilise pour :

- tous les **substantifs**

der Mann, die Frau, das Kind, die Sonne, der Mond

- les **adjectifs substantivés**

der Nächste : le prochain
alles Übrige : tout le reste

- les **noms de couleur** et de **langue**

dasselbe in Grün : la même chose en vert
auf Deutsch, in Englisch : en allemand, en anglais

- les **moments de la journée** après un adverbe

heute Abend : ce soir
morgen Nachmittag : demain après-midi

B Écrire -ss ou ß ?

- On écrit ***ss* après une voyelle brève.**

der Hass, er lässt, sie muss

- On écrit ***ß* après une voyelle longue ou une diphtongue.**

die Straße, draußen

C Écrire en un seul mot ou en deux mots séparés ?

Selon les nouvelles règles d'orthographe, ce que l'on écrivait auparavant attaché est désormais séparé.

- *haltmachen* → *halt machen*
- *stehenbleiben* → *stehen bleiben*
- *soviele* → *so viele*

ATTENTION ! *irgendetwas* (quelque chose) ou *irgendjemand* (quelqu'un) s'écrit toujours attaché.

L'épreuve de compréhension orale 4

Dans toutes les séries, sauf en L, vous devez passer une épreuve de compréhension orale. Celle-ci a lieu au cours du second trimestre de l'année scolaire dans l'établissement.

1 *Le déroulement de l'épreuve*

▶ L'épreuve se déroule à partir d'un **document audio ou vidéo** qui a un lien avec les notions étudiées en classe. Il s'agit d'un document authentique – extrait d'un discours, d'une émission, d'un film, etc. – d'une durée maximale d'une minute trente.

▶ Vous avez le droit à **trois écoutes**, séparées chacune par une minute. Vous pouvez prendre des notes et devez ensuite rendre compte par écrit en français du document écouté.

2 *La première écoute*

▶ Le titre du document vous est donné avant la première écoute. Demandez-vous si vous avez déjà entendu parler du thème évoqué. **Il s'agit souvent d'un sujet d'actualité**, d'une **question de société.**

die Arbeitszeit (le temps de travail)
die Freizeit (les loisirs)
die Werbung (la publicité)

▶ **Focalisez votre attention sur ce que vous comprenez** et non sur ce qui vous paraît obscur ou inconnu. Il y a le plus souvent du vocabulaire de base et des mots d'origine étrangère transparents.

- *die Gesellschaft* (la société), *die Maßnahme* (la mesure), *die Tatsache* (le fait)…
- *die Nation, die Energie, der Computer, das Telefon, die SMS…*

▶ **Essayez de repérer les mots-clés.** Ils sont souvent répétés ou reviennent sous une autre forme (mot dérivé, synonyme).

- *wirken* (agir), *die Wirkung* (l'effet produit), *wirksam* (efficace), *die Wirksamkeit* (l'efficacité)
- *die Schwierigkeit* (la difficulté), *das Problem*
- *Maßnahmen ergreifen* (prendre des mesures), *eine Lösung finden* (trouver une solution)

- *die Vor- und Nachteile* (les avantages et les inconvénients)
- *die Absicht* (l'intention), *das Ziel* (le but)

3 Les deuxième et troisième écoutes

▶ **Notez les mots-clés, notamment les verbes porteurs de sens.** Ce sont souvent des verbes de modalité (*können*, *sollen*, *müssen*) ou des impératifs (*Stellen Sie sich vor…* Imaginez-vous…).

▶ **Repérez les articulations du discours**, l'enchaînement des idées ou des faits évoqués.

- *zum Beispiel* : par exemple
- *das heißt* : c'est-à-dire
- *deshalb* : c'est pourquoi
- *auf diese Weise* : de cette manière
- *entweder… oder…* : ou bien… ou bien…
- *einerseits… andererseits…* : d'un côté… de l'autre…
- *dagegen* : en revanche
- *zwar… aber…* : certes… mais…

▶ Dans le cas d'un récit, soyez attentif à la **chronologie**.

zuerst, dann, nun, heute, jetzt, morgen, in diesem Jahr/Monat, im vorigen Jahr, im nächsten Jahr, vorher, nachher, …

▶ **Servez-vous du contexte sonore** : le ton de la voix (ordre, prière, colère), les bruits extérieurs (musique, bruits de voiture…) peuvent vous donner des indices sur le lieu où se passe la scène et vous aider à la compréhension du document.

4 Le compte rendu en français

▶ **Vous disposez de dix minutes** pour rendre compte du contenu à partir des notes que vous avez prises.

▶ Rédigez un compte rendu clair et bien construit.

- Faites une **brève introduction** en donnant le thème général.
- Donnez les **idées principales** en dégageant les points positifs ou négatifs, les oppositions, les points de vue contradictoires, les solutions envisagées.
- Rédigez une **conclusion** : solution envisagée, questions en suspens par exemple.

L'épreuve d'expression orale (1) : l'exposé

5

Pour les séries autres que L, l'évaluation de l'expression orale est organisée au dernier trimestre par les enseignants dans votre établissement scolaire. En L, c'est un examen terminal.

1 *Nature et conditions de l'épreuve*

Vous êtes interrogé(e) sur une des notions étudiées pendant l'année.

A Pour les séries ES/S et technologiques

▶ Lors de l'épreuve, **vous n'avez pas les documents** étudiés sous les yeux.

▶ Après dix minutes de préparation, vous faites un **exposé de cinq minutes** sur la notion. Cette prise de parole en continu est suivie d'une conversation de cinq minutes conduite par l'examinateur.

B Pour la série L

▶ **Vous disposez**, lors de l'épreuve, **des documents en lien avec la notion** que vous avez étudiés en classe.

▶ Après dix minutes de préparation, vous faites un **exposé de dix minutes** sur la notion. Cette prise de parole en continu est suivie d'une conversation de dix minutes conduite par l'examinateur.

2 *Que veut dire « présenter une notion » ?*

La notion que vous allez présenter a été abordée en cours **sous un angle particulier** ; par exemple, la notion « Espaces et échanges » a pu être traitée à travers le thème des échanges culturels et illustrée par différents documents.

▶ Votre exposé doit **s'appuyer sur les documents étudiés** en cours, que vous les ayez sous les yeux ou non. Il doit ainsi mettre en évidence comment les documents illustrent et éclairent la thématique à présenter.

▶ Vous démontrez ainsi que vous vous êtes **approprié leur contenu** et que vous êtes capable de les utiliser pour étayer votre propos.

▶ Votre présentation doit être **synthétique et personnelle.** Ne cherchez pas à être exhaustif ni à « plaquer » des connaissances apprises par cœur.

3 La préparation

▶ Élaborez un **plan clair et succinct**, autour duquel vous allez construire votre présentation, en enchaînant les idées.

▶ Ne faites ni un résumé ni une analyse des documents : intégrez-les dans votre propos d'ensemble en montrant que vous en avez compris la portée.

▶ N'oubliez pas que le temps qui vous est imparti est court.

4 L'exposé

A Nos conseils de méthode

▶ Commencez par **définir le thème** à travers lequel a été abordée la notion. **Annoncez votre plan.**

▶ Développez votre présentation en vous référant aux documents pour **illustrer et justifier vos idées**.

▶ La conclusion doit marquer l'aboutissement de **votre propre réflexion**. Élargissez votre point de vue de manière à engager la conversation avec l'examinateur.

B Quelques tournures pour la présentation orale

Vous pouvez utiliser les tournures ci-dessous.

- *Wir haben das Thema "Einwanderung" an mehreren Beispielen studiert.*
  Nous avons étudié le thème de l'immigration à travers plusieurs exemples.
- *Diese Dokumente können leicht verglichen werden.*
  Ces documents peuvent être facilement comparés.
- *Diese Texte behandeln dasselbe Thema, nämlich…*
  Ces textes traitent le même sujet, à savoir…
- *Es handelt sich um einen Roman, ein Gedicht, ein Theaterstück.*
  Il s'agit d'un roman, d'un poème, d'une pièce de théâtre.
- *Der Autor stellt sich die Frage, ob…*
  L'auteur se pose la question de savoir si…
- *Er analysiert die Konsequenzen dieser Situation.*
  Il analyse les conséquences de cette situation.

L'épreuve d'expression orale (2) : l'entretien

6

Après la prise de parole en continu, l'examinateur engage une conversation en vous demandant de préciser tel ou tel point ou d'approfondir la réflexion sur les documents illustrant la notion.

1 Les questions de l'examinateur

Elles ont pour objectif de vous faire compléter votre analyse.

- *Was kann man daraus schließen?* Que peut-on en conclure ?
  → *Man kann daraus schließen, dass sie viel Glück hatten.*
  On peut en conclure qu'ils ont eu beaucoup de chance.
- *Was geht daraus hervor?* Qu'est-ce qu'il en ressort ?
  → *Daraus geht hervor, dass das Problem nicht gelöst ist.*
  Il en ressort que le problème n'est pas résolu.
- *Nennen Sie die Gründe seiner Handlung.*
  Indiquez les raisons de son action.
- *Welches sind die Folgen ihrer Haltung?*
  Quelles sont les conséquences de son attitude ?
- *Können Sie erklären, warum Sie das gesagt haben?*
  Pouvez-vous expliquer pourquoi vous avez dit cela ?

2 Nos conseils de méthode

▶ Faites preuve de spontanéité

N'hésitez pas, par exemple, à demander un mot qui vous manque ou à vous reprendre pour corriger une erreur.

- *Entschuldigen Sie, mir fällt das Wort "durée" nicht mehr ein.*
  Excusez-moi, le mot « durée » ne me revient pas.
- *Wie sagt man schon "imaginaire", bitte?*
  Comment dit-on « imaginaire », s'il vous plaît ?

▶ Exprimez votre opinion personnelle

- *Mir fällt auf, dass…* Je remarque que…
- *Ich stelle mir vor, dass…* J'imagine que…
- *Ich bin der Meinung / Ansicht, dass…* Je suis d'avis que…
- *Ich bin überzeugt, dass…* Je suis persuadé que…
- *Ich finde es richtig, dass…* Je trouve légitime que…
- *Ich stimme dem Autor zu.* J'approuve l'auteur.

- *Meiner Meinung nach hat der Autor Recht.*
  À mon avis, l'auteur a raison.
- *Das stimmt nicht. / Das ist falsch.* C'est inexact / faux.
- *Ich bin damit (nicht) einverstanden.*
  Je (ne) suis (pas) d'accord avec cela.
- *Ich teile diese Meinung (nicht).*
  Je (ne) partage (pas) cette opinion.

▶ **Vous pouvez exprimer un doute ou une hésitation**

- *Ich habe den Eindruck, dass…*
  J'ai l'impression que…
- *Ich vermute, dass…*
  Je suppose que…
- *Ich bin nicht sicher, dass…*
  Je ne suis pas sûr que…
- *Man kann sich fragen, ob…*
  On peut se demander si…
- *Darüber läßt sich streiten.*
  On peut en discuter.

▶ **N'oubliez pas de conclure**

- *Wir stellen fest, dass…* Nous constatons que…
- *Wir kommen zu dem Schluss, dass…*
  Nous arrivons à la conclusion que…
- *Der Autor wollte zeigen, dass…*
  L'auteur a voulu montrer que…
- *Darüber gehen die Meinungen auseinander.*
  Les avis divergent sur ce point.

▶ L'examinateur peut terminer avec des **questions plus personnelles.** Il faut vous y préparer.

- Sachez vous présenter : dire votre âge et votre date de naissance.
- Sachez également parler de vos projets après le bac, par exemple des études que vous envisagez de faire.
- N'hésitez pas à parler de vos contacts avec les pays germanophones.

Bien prononcer 7

Marquez bien les accents de mot et de phrase et n'oubliez pas les « h » (qu'il faut souffler).

1 *L'accent de mot*

▶ Il porte **presque toujours sur le radical.**

die Handlung, die Gesellschaft

▶ **Les mots d'origine étrangère** gardent leur accentuation d'origine.

der Roboter, die Nation

▶ L'addition d'un suffixe allemand à un mot étranger entraîne un déplacement de l'accent.

der Demokrat, mais *die Demokratie*

ATTENTION ! On prononce *Europa*, mais *der Europäer* ; *Amerika*, mais *der Amerikaner*.

▶ Dans les **mots composés**, l'accent principal porte sur le premier élément.

die Strassenbahn, die Hauptschwierigkeit

▶ La **négation est toujours accentuée**, notamment dans une opposition.

Ich teile diese Meinung nicht.
Seine Haltung war nicht fair, sondern frech.

2 *L'accent de phrase*

C'est le groupe verbal qui porte l'accent de phrase.

▶ **Si le verbe est à un temps simple**, il est accentué.

Es regnet.

▶ **Si le verbe est à un temps composé**, ce n'est pas l'auxiliaire qui est accentué, mais la forme verbale, infinitif ou participe II.

Wir haben viel gelacht.
Sie werden bald kommen.

▶ **Si le groupe verbal comporte un complément**, c'est le complément qui est accentué.

Sie haben einen Wagen gekauft.

Notez bien

• Quand le verbe comporte une **particule séparable**, il faut accentuer le radical du verbe et la particule.
Darüber gehen die Meinungen auseinander.
Teilen Sie ihm bitte diese Nachricht mit!

• Les **particules inséparables** ne sont pas accentuées.
Der Autor behandelt das Thema des Exils.
Sie hat keine Antwort erhalten.

3 Conseils pour la lecture d'un texte

▶ Notez bien que **toutes les lettres se prononcent** en allemand, mais qu'il n'y a pas de liaison.

▶ Respectez **les unités de sens**, ne les coupez pas par des pauses intempestives qui donneraient un caractère haché à votre élocution.

> *Es war / ein denkwürdiger Morgen //, als wir / Onkel Fred / halfen //, die frischgefüllten Eimer / an die Straßenbahnhaltestellen / zu bringen //, wo er / sein Geschäft / startete.*
>
> ■ Heinrich Böll, Mein Onkel Fred, 1951

/ fin d'unité de sens (= pause légère)
// coupure nécessaire

Grandes figures, héros et stars

8

QUIZ p. 25

Der Held (-en) • Le héros

- *der Superheld* : le super-héros
- *der Antiheld* : l'anti-héros
- *die Heldentat (-en)* : l'action d'éclat, l'acte héroïque
- *der Mythos* : le mythe
- *das Vorbild (-er)* : l'exemple, le modèle
- *der Kämpfer (-)* : le combattant
- *der Widerstandskämpfer* : le résistant
- *die Sage (-n), die Legende (-n)* : la légende
- *der Ruhm* : la renommée, la gloire
- *das Charisma* : le charisme
- *Werte verkörpern* : incarner des valeurs
- *der Personenkult* : le culte de la personnalité

Die Stars, die Prominenz • Les stars, les personnes célèbres

- *die Persönlichkeit (-en)* : la personnalité, la grande figure
- *der Sportler (-)* : le sportif
- *der Spitzensportler* : un athlète de haut niveau
- *der Wettkampf (¨e)* : la compétition
- *einen Rekord aufstellen* : établir un record
- *eine Leistung erzielen* : réaliser une performance
- *gewinnen (a, o)* : gagner (un match, une compétition)
- *berühmt werden* : devenir célèbre
- *der Erfolg (-e)* : le succès
- *der Sieg (-e)* : la victoire
- *der / die Filmstar (-s)* : la star (de cinéma)
- *der Quizmaster* : l'animateur (de jeux télévisés)
- *der Komponist (-en)* : le compositeur
- *der Dirigent (-en)* : le chef d'orchestre
- *der / die Sänger / in* : le chanteur / la chanteuse
- *an der Spitze der Hitparade stehen* : être en tête du hit parade

Les émotions et les sentiments

9

QUIZ p. 25

Die Gefühle • Les sentiments

- *ausdrücken* : exprimer
- *ein Gefühl empfinden (a, u)* : éprouver un sentiment
- *mögen, gern haben* : aimer bien
- *bewundern* : admirer
- *hassen* : haïr, détester
- *vorziehen (o, o)* : préférer
- *wünschen* : souhaiter
- *sich freuen über* [+ accusatif] : se réjouir de qqch déjà décidé
- *sich freuen auf* [+ accusatif] : se réjouir de qqch à venir
- *zweifeln* : douter
- *Angst haben vor* [+ datif] : avoir peur de
- *die Sorge (-n)* : le souci
- *der Kummer ≠ die Freude (-n)* : le chagrin ≠ la joie
- *der Schmerz (-en)* : la douleur
- *das Mitleid* : la pitié

Die Empfindlichkeit • La sensibilité

- *empfindlich* : sensible
- *froh ≠ traurig* : gai ≠ triste
- *glücklich ≠ unglücklich* : heureux ≠ malheureux
- *das Glück* : le bonheur
- *überrascht* : surpris
- *erstaunt* : étonné
- *enttäuscht* : déçu
- *überzeugt* : convaincu
- *die Leidenschaft (-en)* : la passion
- *begeistert* : enthousiaste
- *optimistisch ≠ pessimistisch* : optimiste ≠ pessimiste
- *sorglos* : insouciant
- *verärgert* : contrarié
- *verzweifelt* : désespéré

La littérature et le cinéma

10

QUIZ p. 25

Die Literatur • La littérature

- *der Schriftsteller (-)* : l'écrivain
- *der Roman (-e)* : le roman
- *die Erzählung (-en)* : le récit
- *das Theaterstück (-e)* : la pièce de théâtre
- *der Dichter (-)* : le poète
- *das Gedicht (-e)* : le poème
- *das Märchen (-)* : le conte
- *die Intrige* : l'intrigue
- *die Geschichte (-n)* : l'histoire / l'Histoire
- *die literarische Bewegung* : le mouvement littéraire
- *der Stil (-e)* : le style
- *Vorstellungen hervorrufen (ie, u)* : évoquer des idées
- *die Rezension* : la critique d'un livre
- *einen Preis verleihen (ie, ie)* : décerner un prix

Der Film (-e) • Le cinéma, le film, la pellicule

- *die Filmindustrie* : l'industrie du cinéma
- *einen Film drehen* : tourner un film
- *das Kino* : la salle de cinéma
- *der Film läuft* : le film passe
- *die Leinwand* : l'écran
- *projizieren auf* [+ accusatif] : projeter sur
- *der Filmemacher (-)* : le réalisateur
- *inszenieren* : mettre en scène
- *die Besetzung* : la distribution d'un film (les acteurs)
- *der Schauspieler (-)* : l'acteur
- *die Hauptrolle, die Nebenrolle* : le rôle principal, le rôle secondaire
- *die Spezialeffekte* : les effets spéciaux
- *einen Preis gewinnen (a, o)* : gagner un prix
- *der Erfolg (-e)* : le succès
- *der Renner* : un film à succès
- *ein anspruchsvoller Film* : un film d'auteur

Les médias

11

QUIZ p. 25

Die Presse • La presse

- *der Journalist (-en)* : le journaliste
- *der Bericht (-e)* : le reportage
- *interviewen* : interviewer
- *die Schlagzeile (-n)* : le gros titre
- *der Zeitungsartikel (-)* : l'article
- *die Skandalpresse* : la presse à scandale
- *die Boulevardpresse / die Klatschpresse* : la presse people
- *erscheinen (ie, ie)* : paraître
- *unparteiisch ≠ engagiert* : neutre ≠ engagé
- *zensieren* : censurer

Das Fernsehen und das Radio • La télévision et la radio

- *im Fernsehen* : à la télévision
- *die Sendung (-en)* : l'émission
- *die Tagesschau* : le journal télévisé
- *die Nachrichten* : les nouvelles
- *der Ansager (-)* : le présentateur
- *der Moderator (-en)* : l'animateur
- *der Fernsehzuschauer (-)* : le téléspectateur
- *der Kanal (¨e)* : la chaîne
- *umschalten* : zapper
- *dem Radio zuhören* : écouter la radio
- *Nachrichten übertragen* : retransmettre des informations
- *die Einschaltquote* : le taux d'écoute, l'audimat
- *die öffentliche Meinung* : l'opinion publique
- *die Umfrage (-n)* : le sondage

ZIVILISATION

Die meisten Deutschen lesen Lokalzeitungen. Die gesamte **Auflage** (*tirage*) der Tageszeitungen liegt bei 21 Millionen Exemplaren. Einige überregionale Zeitungen **erscheinen** in Frankfurt, München oder Berlin. Manche Wochenzeitungen sind international bekannt wie *Der Spiegel*.

Quiz express 12

Vérifiez que vous avez bien retenu les points importants **fiches 8 à 11**

1 Grandes figures, héros et stars

Compléter avec : *aufstellt – berühmt – Erfolg – Filmstars – Fussballspieler – gewinnt – Helden – Kämpfer – Sänger – Sportler.*

Heute begeistert sich die Jugend eher für einen .... als für einen .... Wenn ein ...... einen Rekord .... oder bei den Olympischen Spielen eine Medaille ...., wird er schnell .... Neue .... sind auch die ...., deren Filme einen grossen .... haben sowie ...., die in ihre Konzerte viele Fans anziehen.

2 Les émotions et les sentiments

1. Optimisten sind oft :
☐ **a.** traurig ☐ **b.** enttäuscht ☐ **c.** begeistert

2. Pessimisten dagegen sind meistens :
☐ **a.** sorglos ☐ **b.** enttäuscht ☐ **c.** überrascht

3. Filme oder Konzerte? Was .... du ....?
☐ **a.** drückst ....aus ☐ **b.** freust .... dich ☐ **c.** ziehst ....vor

3 La littérature et le cinéma

Compléter avec : *gedreht – Geschichte – Kino – läuft – Nobelpreis – Roman – Schriftstellerin – verliehen.*

1. Diese .... hat einen neuen .... über die ...... einer Familie geschrieben.
2. Der ...... wurde in diesem Jahr einem Dichter ....
3. Der neue Film .... ab morgen im ....

4 Les médias

1. In der Zeitung stehen die neuesten
☐ **a.** Sendungen ☐ **b.** Nachrichten ☐ **c.** Filme.

2. Der Reporter schickt seinen ☐ **a.** Begriff ☐ **b.** Geschichte ☐ **c.** Bericht so schnell wie möglich in die Redaktion.

3. Im Fernsehen wird die ☐ **a.** Tagesschau ☐ **b.** Schlagzeile ☐ **c.** Zeitung von einem Ansager präsentiert.

Corrigés !

Score : ... / 23

1 Grandes figures, héros et stars

Fiche 8

Heute begeistert sich die Jugend eher für einen Fussballspieler als für einen Kämpfer. Wenn ein Sportler einen Rekord aufstellt oder bei den Olympischen Spielen eine Medaille gewinnt, wird er schnell berühmt.

Neue Helden sind auch die Filmstars, deren Filme einen grossen Erfolg haben sowie Sänger, die in ihre Konzerte viele Fans anziehen.

2 Les émotions et les sentiments

Fiche 9

1. c. Optimisten sind oft begeistert.

2. b. Pessimisten dagegen sind meistens enttäuscht.

3. c. Filme oder Konzerte. Was ziehst du vor?

3 La littérature et le cinéma

Fiche 10

1. Diese Schriftstellerin hat einen neuen Roman über die Geschichte einer Familie geschrieben.

2. Der Nobelpreis wurde in diesem Jahr einem Dichter verliehen.

3. Der neue Film läuft ab morgen im Kino.

4 Les médias

Fiche 11

1. b. In der Zeitung stehen die neuesten Nachrichten.
Die Sendungen: les émissions (de radio, de télévision).

2. c. Der Reporter schickt seinen Bericht so schnell wie möglich in die Redaktion.
Ne pas confondre *der Begriff* (la notion, l'idée) et *der Bericht* (le reportage).

3. a. Im Fernsehen wird die Tagesschau von einem Ansager präsentiert.

Les villes

13

(→ FICHE 25)

? QUIZ p. 31

Die Stadt (¨e) • La ville

- *die Innenstadt* : le centre-ville
- *das Viertel (-)* : le quartier
- *der Vorort (-e)* : la banlieue
- *das Industriegebiet (-e)* : la zone industrielle
- *der Bürgersteig (-e)* : le trottoir
- *der Wohnblock (¨e)* : l'immeuble
- *der Wolkenkratzer* : le gratte-ciel
- *die Mietskaserne (-n)* : le HLM
- *die Siedlung (-en)* : le lotissement
- *die Wohnungsprobleme* : les problèmes de logement

Der Verkehr • La circulation, le trafic

- *die Ampel* : les feux (de croisement)
- *die Fussgängerzone* : la zone piétonne
- *die Haltestelle (-n)* : l'arrêt
- *die Strassenbahn (-en)* : le tramway
- *die U-Bahn* : le métro

Die Bauwerke • Les bâtiments

- *das Geschäft (-e)* : le magasin (→ FICHE 25)
- *das Postamt* : la poste
- *das Café (s)* : le café
- *die Kirche (-n)* : l'église
- *der Dom, das Münster* : la cathédrale
- *das Rathaus (¨er)* : l'hôtel de ville
- *das Stadion (Stadien)* : le stade
- *die grüne Anlage* : l'espace vert

ZIVILISATION

Die **Grossstädte** dehnen sich immer weiter aus (*s'étendent*). Viele Leute wohnen weit von ihrer Arbeit oder vom Zentrum. Sie müssen jeden Tag stundenlang mit dem Bus oder der U-Bahn hin und her fahren. Diese Leute nennt man **Pendler** (*ils font la navette*).

La scolarité, les études

14

QUIZ p. 31

Die Schule • L'école

- *das Gymnasium (Gymnasien)* : le lycée
- *der Gymnasiast (-en)* : le lycéen
- *versetzt werden* : passer dans la classe supérieure
- *sitzen bleiben* : redoubler
- *der Lehrer (-)* : le professeur
- *das Fach (¨er)* : la matière
- *der Unterricht* : l'enseignement
- *die Kenntnisse* : les connaissances
- *lernen* : apprendre
- *lehren* : enseigner
- *der Stundenplan* : l'emploi du temps
- *die Aufgabe (-n)* : le devoir
- *fleissig* : travailleur, appliqué
- *das Abitur* : le baccalauréat
- *eine Prüfung ablegen* : passer un examen
- *eine Prüfung bestehen (a, a)* : réussir à un examen
- *durchfallen (ie, a, ä)* : échouer
- *schriftlich / mündlich* : par écrit / par oral

Das Studium • Les études

- *die Universität* : l'université
- *die Technische Hochschule (die TH)* : l'IUT
- *sich immatrikulieren lassen* : s'inscrire à l'université
- *das Diplom (-e)* : le diplôme
- *das Praktikum, der Praktikant (-en)* : l'apprentissage, l'apprenti
- *die duale Ausbildung* : la formation en alternance

Zivilisation

Die Unterrichtsstunden dauern 45 Minuten, die Noten gehen von eins (sehr gut) bis sechs (ungenügend). Die meisten Schüler gehen mit 15 oder 16 **in die Lehre** (*apprentissage*) in einem dualen System (Schule - Betrieb). Das Abitur genügt nicht, um in die Uni zu gehen. Die Studenten werden **ausgewählt** (Numerus clausus).

Communiquer, voyager

15

(→ FICHE 24)

QUIZ p. 31

Mitteilen • Communiquer

- *die Post* : le courrier
- *der Brief (-e)* : la lettre
- *die Briefmarke (-n)* : le timbre
- *die Postleitzahl* : le code postal
- *senden / schicken* : envoyer
- *der Absender* : l'expéditeur
- *der Empfänger* : le destinataire
- *das Handy (-s)* : le portable
- *anrufen (ie,u)* : appeler, téléphoner
- *das Internet* : l'internet
- *die E-Mail* : l'e-mail, le courriel
- *die Anlage* : la pièce jointe
- *das Sozialnetz (-e)* : le réseau social

Reisen • Voyager

- *das Gepäck* : les bagages
- *der Koffer (-)* : la valise
- *die Jugendherberge* : l'auberge de jeunesse
- *das Reisebüro* : l'agence de voyage
- *das Verkehrsamt* : l'office de tourisme
- *buchen* : faire une réservation
- *sich erkundigen* : se renseigner
- *zelten* : camper
- *der Rucksack* : le sac à dos
- *verreisen* : partir en voyage
- *ins Ausland fahren* : partir à l'étranger
- *fliegen (o, o)* : prendre l'avion
- *trampen* : faire du stop
- *der Pass(¨-e)* : le passeport
- *der Personalausweis* : la carte d'identité
- *besichtigen* : visiter (un musée, une église)
- *der Fremdenführer* : le guide (la personne)
- *der Reiseführer* : le guide de voyage (le livre)

Produire, échanger

16

QUIZ p. 31

Herstellen • Produire, fabriquer

- *der Hersteller (-) / der Produzent (-en)* : le producteur
- *herstellen / produzieren* : produire, fabriquer
- *der Rohstoff (-e)* : la matière première
- *die Verbrauchsgüter / die Konsumgüter* : les biens de consommation
- *die Fabrik (-en) / das Werk (-e)* : l'usine
- *die Arbeitskräfte* : la main-d'œuvre
- *die Produktionskosten* : les coûts de production
- *die Arbeitsleistung* : le rendement
- *die Transportkosten* : les coûts de transport
- *die Lieferfrist (-en)* : le délai de livraison

Handeln • Échanger, commercer

- *das Verteilernetz (-e)* : la chaîne de distribution (du fabricant à l'utilisateur)
- *der Import (-e)* : l'importation
- *der Export (-e)* : l'exportation
- *die Handelsbilanz* : la balance commerciale
- *der Auslandsmarkt (¨e)* : le marché extérieur
- *die Handelsbeziehungen* : les relations commerciales
- *der Freihandel* : le libre-échange
- *der Handelsvertrag (¨e)* : le traité commercial
- *die weltweite Ausdehnung* : la mondialisation
- *der Multi (multinationales Unternehmen)* : la société multinationale
- *der Konzern (-e)* : le trust
- *der Wettbewerb* : la concurrence
- *wettbewerbsfähig* : concurrentiel
- *das Entwicklungsland (¨er)* : le pays en voie de développement
- *das Schwellenland (¨er)* : le pays émergent
- *der gerechte Handel* : le commerce équitable

Quiz express 17

Vérifiez que vous avez bien retenu les points importants **fiches 13 à 16**

1 Les villes

1. In der Fussgängerzone findet man viele ....
☐ **a.** Kasernen ☐ **b.** Wolkenkratzer ☐ **c.** Geschäfte

2. An der .... warten viele Leute auf den Bus.
☐ **a.** Haltestelle ☐ **b.** U-Bahn ☐ **c.** Strassenbahn

3. Die neuen Siedlungen werden in .... gebaut.
☐ **a.** der Innenstadt ☐ **b.** den Vororten ☐ **c.** den Anlagen

2 La scolarité, les études

1. Was ist dein .... in der Schule?
☐ **a.** Studium ☐ **b.** Stundenplan ☐ **c.** Fach

2. Er ist bei der Prüfung ....
☐ **a.** ausgefallen ☐ **b.** durchgefallen ☐ **c.** eingefallen

3. Der Praktikant bekommt eine .... in einem Betrieb.
☐ **a.** Bildung ☐ **b.** Ausbildung ☐ **c.** Einbildung

3 Communiquer, voyager

Compléter avec : *anruft – Ausland – Ferien – geschickt – Internet – Koffer – Pass – Rucksack – zelten.* (Attention à l'intrus !)

1. Früher hat man gerne Briefe .... Heute hat man ...... oder man ...... seine Freunde mit dem Handy ..... .

2. Während der .... reist man gern. Man kann mit dem .... wandern und abends ....

3. Wenn man ins .... fährt, braucht man einen gültigen ....

4 Produire, échanger

Compléter avec : *Arbeitskräfte – billig – Entwicklungsländern – exportiert – Fertigprodukte – importiert – Konsumgüter – Konzerne – Rohstoffe.* (Attention à l'intrus !)

Die meisten .... werden aus dem Ausland .... Die grossen .... lassen die .... in den .... produzieren, weil die .... dort .... sind. Die Industrieländer exportieren aber auch ihre .... ins Ausland.

Corrigés !

Score : ... / 22

1 *Les villes*

Fiche 13

1. c. In der Fussgängerzone findet man viele Geschäfte.

2. a. An der Haltestelle warten viele Leute auf den Bus.

3. b. Die neuen Siedlungen werden in den Vororten gebaut.

2 *La scolarité, les études*

Fiche 14

1. b. Was ist dein Stundenplan in der Schule?

2. b. Er ist bei der Prüfung durchgefallen.
Ne pas confondre *durchfallen* (échouer), *ausfallen* (ne pas avoir lieu) et *einfallen* (venir à l'esprit).

3. b. Der Praktikant bekommt eine Ausbildung in einem Betrieb.
Ne pas confondre *die Bildung* (la culture), *die Ausbildung* (la formation) et *die Einbildung* (l'imagination).

3 *Communiquer, voyager*

Fiche 15

1. Früher hat man gerne Briefe geschickt. Heute hat man Internet oder man ruft seine Freunde mit dem Handy an.

2. Während der Ferien reist man gern. Man kann mit dem Rucksack wandern und abends zelten.

3. Wenn man ins Ausland fährt, braucht man einen gültigen Pass.

4 *Produire, échanger*

Fiche 16

Die meisten Rohstoffe werden aus dem Ausland importiert. Die grossen Konzerne lassen die Konsumgüter in den Entwicklungsländern produzieren, weil die Arbeitskräfte dort billig sind. Die Industrieländer exportieren aber auch ihre Fertigprodukte ins Ausland.

Les régimes politiques

18

(→ DÉPLIANT, VII À XII)

? QUIZ p. 37

Die Regierungsformen • Les régimes politiques

- *die Demokratie* : la démocratie
- *die Diktatur* : la dictature
- *unterdrücken* : opprimer
- *ausrotten* : exterminer
- *das deutsche Reich* : l'Empire allemand
- *die Bundesrepublik* : la République fédérale
- *die Unabhängigkeit* : l'indépendance

Die Institutionen • Les institutions

- *der Staat (-en)* : l'État
- *an der Spitze (des Staates) stehen* : être à la tête d'un État, diriger
- *der Präsident (-en)* : le président
- *der Kanzler, die Kanzlerin* : le chancelier, la chancelière
- *die Regierung (-en)* : le gouvernement
- *der Bundestag* : l'assemblée fédérale
- *der Bundesrat* : le conseil fédéral (= 2de chambre en Allemagne)
- *der Abgeordnete (-n)* : le député
- *vertreten (i, e, i)* : représenter (le peuple)
- *das Land (¨er)* : la région

Das politische Leben • La vie politique

- *die Gedankenfreiheit* : la liberté de pensée
- *Anspruch erheben auf* [+ accusatif] : revendiquer, réclamer qqch
- *sich der Regierung widersetzen* : s'opposer au gouvernement
- *wählen* : voter, élire
- *die Wahlen* : les élections
- *die Mehrheit ≠ die Opposition* : la majorité ≠ l'opposition

ZIVILISATION

Im Bundestag sind **5 Parteien** vertreten ; die CDU (christlich-demokratische Union), die SPD (sozialdemokratische Partei Deutschllands), die FDP (freie demokratische Partei), die Grünen und die Linke.

La violence et la loi

19

QUIZ p. 37

Die Gewalt • La violence, la force

- *der Dieb (-e)* : le voleur
- *der Diebstahl (¨e)* : le vol
- *stehlen (a, o, ie)* : voler, dérober
- *der Hochstapler (-)* : l'escroc
- *der Mörder (-)* : l'assassin, le criminel
- *der Terrorist (-en)* : le terroriste
- *der Mord (-e)* : le meurtre, le crime
- *angreifen (i, i)* : agresser
- *ermorden* : tuer, assassiner

Das Gesetz (-e) • La loi

- *das Recht (-e)* : le droit
- *die Gerechtigkeit* : la justice
- *verhaften* : arrêter
- *das Verhör (-e)* : l'interrogatoire
- *der Verdacht* : le soupçon
- *der Beweis (-e)* : la preuve
- *der Zeuge (-n)* : le témoin
- *schuldig ≠ unschuldig* : coupable ≠ innocent
- *gestehen* : avouer
- *das Gericht (-e)* : le tribunal
- *der Prozess (-e)* : le procès
- *anklagen* : accuser
- *der Angeklagte (-n)* : l'accusé
- *der Verteidiger (-)* : le défenseur
- *der Richter (-)* : le juge
- *der Anwalt (-e)* : l'avocat
- *das Urteil fällen* : prononcer le jugement
- *die Strafe (-n)* : la peine, la punition
- *zum Gefängnis verurteilen* : condamner à la prison
- *auf freien Fuss setzen* : libérer

La vie en société

20

QUIZ p. 37

Ungleichheiten und Solidarität • Inégalités et solidarité

- *die Gesellchaft* : la société
- *der Lebensstandard* : le niveau de vie
- *der Wohlstand* : le bien-être
- *die Armut* : la misère
- *wohlhabend* : aisé
- *mittellos* : sans ressources
- *der Außenseiter (-)* : le marginal
- *der Obdachlose (-n)* : le SDF
- *gerecht ≠ ungerecht* : juste ≠ injuste
- *die Gleichheit (-en)* : l'égalité
- *die Gleichberechtigung* : l'égalité des droits
- *die soziale Gerechtigkeit* : la justice sociale
- *die Sozialversicherung* : la sécurité sociale
- *die Sozialhilfe (-n)* : l'aide sociale
- *das Kindergeld* : les allocations familiales
- *ein karitativer Verein* : une association caritative
- *die Lebensbedingungen verbessern* : améliorer les conditions de vie
- *die Mehrheit / die Minderheit* : la majorité / la minorité

Die Einwanderung • L'immigration

- *auswandern ≠ einwandern* : émigrer ≠ immigrer
- *der Gastarbeiter (-)* : le travailleur immigré
- *der Asylant (-en)* : le réfugié politique
- *die Gemeinschaft (-en)* : la communauté
- *aufnehmen (a, o, i)* : accueillir
- *sich integrieren* : s'intégrer
- *die Einbürgerung* : la naturalisation
- *ausweisen (ie, ie)* : expulser
- *das Herkunftsland* : le pays d'origine
- *der Rassismus* : le racisme
- *die Diskriminierung* : la discrimination

Le monde du travail

21

QUIZ p. 37

Die Arbeit • Le travail

- *einen Beruf ausüben* : exercer un métier
- *die Arbeitsbedingungen* : les conditions de travail
- *die Arbeitszeit (-en)* : les horaires, le temps de travail
- *die Voll(/Teil)zeitarbeit* : le travail à plein temps, à temps partiel
- *der Arbeitsmarket* : le marché du travail
- *sich bewerben (a,o,i)* : présenter sa candidature
- *der Lebenslauf (¨e)* : le curriculum vitae (CV)
- *einstellen* : employer, engager, embaucher
- *die Stelle (-n)* : l'emploi
- *die Erfahrung (-en)* : l'expérience
- *entlassen / kündigen* : licencier
- *der Arbeitslose (-n)* : le chômeur
- *im Ruhestand sein* : être à la retraite

Der Betrieb • L'entreprise

- *der Arbeitgeber (-)* : le patron
- *der Arbeitnehmer (-)* : le salarié
- *der Angestellte (-n)* : l'employé
- *der leitende Angestellte (-n)* : le cadre
- *der Beamte (-n)* : le fonctionnaire
- *der Lohn (¨e)* : le salaire (de l'ouvrier)
- *das Gehalt (¨er)* : le traitement (du fonctionnaire)
- *die Gewerkschaft (-en)* : le syndicat
- *der Streik (-s)* : la grève
- *die Forderungen* : les revendications
- *die Demonstration (-en)* : la manifestation

ZIVILISATION

In Deutschland ist der DGB die einzige **Gewerkschaft** der Arbeiter. Jedes Jahr finden Tarifverhandlungen (*négociations tarifaires*) zwischen Arbeitnehmern und Arbeitgebern statt. Wenn sie scheitern (*échouent*), streiken die Arbeiter. Die **Arbeitlosenquote** (*taux de chômage*) ist gering.

? Quiz express 22

Vérifiez que vous avez bien retenu les points importants **fiches 18 à 21**

1 Les régimes politiques

Complétez avec les bons mots. Attention à l'intrus !

1. *Abgeordnete – an der Spitze stehen – Kanzlerin – Parteien – Vertreter – Wahlen – Wähler.*

In Deutschland ist die .... auch der Regierungschef. In Frankreich .... der Präsident ..... der .... Bei den .... kandidieren die .... der .... um die Gunst der .... Sie wollen .... im Parlament werden.

2. *Anspruch erheben auf – ausrotten – Gedankenfreiheit – unterdrückt – sich widersetzen.*

Eine Diktatur .... das Volk. Aber manche Bürger .... der Gewalt und .... auf die ....

2 La violence et la loi

Choisissez le terme qui convient.

1. Der ☐ Dieb ☐ Mörder hatte ein Portemonnaie ☐ gestellt ☐ gestohlen.

2. Aber jemand war ☐ Zeuge ☐ Zeiger.

3. Der Schuldige wurde ☐ verziehen ☐ verhaftet und ☐ verhört ☐ vestandent.

4. Er ☐ gestand ☐ gehörte die Tat.

5. Er kam vors ☐ Gericht ☐ Gesetz und wurde zum ☐ Geständnis ☐ Gefängnis verurteilt.

3 La vie en société et le monde du travail

1. Viele Leute aus den Entwicklungsländern ☐ **a.** fahren aus ☐ **b.** wandern aus ☐ **c.** stellen aus.

2. Oft ist es schwer für sie, sich zu ☐ **a.** integrieren ☐ **b.** informieren ☐ **c.** interessieren.

3. Wenn die Arbeiter Überstunden machen, bekommen sie höhere ☐ **a.** Löhne ☐ **b.** Pensionen ☐ **c.** Gehälter.

4. Die Gewerkschaften ☐ **a.** verlassen ☐ **b.** verlangen ☐ **c.** verteidigen die Interessen der Arbeiter.

Corrigés !

Score : … / 23

1 *Les régimes politiques*

Fiche 18

1. In Deutschland ist die Kanzlerin auch der Regierungschef. In Frankreich steht der Präsident an der Spitze. Bei den Wahlen kandidieren die Vertreter der Parteien um die Gunst der Wähler. Sie wollen Abgeordnete im Parlament werden.
À retenir : *die Gunst der Wähler* = la faveur des électeurs.

2. Eine Diktatur unterdrückt das Volk. Aber manche Bürger widersetzen sich der Gewalt und erheben Anspruch auf die Gedankenfreiheit.

2 *La violence et la loi*

Fiche 19

1. Der Dieb hatte ein Portemonnaie gestohlen.
2. Aber jemand war Zeuge.
3. Der Schuldige wurde verhaftet und verhört.
4. Er gestand die Tat.
5. Er kam vors Gericht und wurde zum Gefängnis verurteilt.

3 *La vie en société et le monde du travail*

Fiches 20 et 21

1. Viele Leute aus den Entwicklungsländern wandern aus.
Attention à ne pas confondre *auswandern* (émigrer), *ausfahren* (sortir en voiture) et *ausstellen* (exposer).

2. Oft ist es schwer für sie, sich zu integrieren.

3. Wenn die Arbeiter Überstunden machen, bekommen sie höhere Löhne.
Ne pas confondre *der Lohn* (le salaire d'un ouvrier) et *das Gehalt* (le traitement d'un fonctionnaire).

4. Die Gewerkschaften verteidigen die Interessen der Arbeiter.
Ne pas confondre *verteidigen* (défendre), *verlangen* (demander, exiger) et *verlassen* (quitter).

Les progrès scientifiques

23

(→ FICHE 24)

? QUIZ p. 43

Die Wissenschaft (-en) • La science

- *der Wissenschaftler (-)* : le scientifique
- *die Forschung (-en)* : la recherche
- *der Forscher (-)* : le chercheur
- *die Entdeckung (-en)* : la découverte
- *entdecken* : découvrir
- *erfinden (a, u)* : inventer
- *der Erfinder (-)* : l'inventeur
- *der Fortschritt (-e)* : le progrès

Die medizinische Forschung • La recherche médicale

- *das Labor(atorium)* : le laboratoire
- *das Experiment (-e)* : l'expérience
- *die Impfung (-en)* : le vaccin
- *die Röntgenaufnahme (-n)* : la radiographie
- *die Röntgenstrahlen* : les rayons X
- *die Genetik* : la génétique
- *die ethischen Fragen* : les questions éthiques

Energie und Raum • Énergie et espace

- *die Atomenergie / die Kernenergie* : l'énergie atomique / nucléaire
- *der Atomausstieg* : la sortie du nucléaire
- *die erneuerbaren Energien verwenden* : utiliser les énergies renouvelables
- *die Windkraft* : l'énergie éolienne
- *das Windrad (¨er)* : l'éolienne
- *die Solaranlage (-n)* : les panneaux photovoltaïques
- *die Raumforschung* : l'exploration spatiale
- *die Rakete (-en)* : la fusée
- *das Raumschiff (-e)* : le vaisseau spatial
- *der Astronaut (-en)* : l'astronaute

Les nouvelles technologies

24

QUIZ p. 43

Die EDV und das Internet • L'informatique et Internet

- *die EDV (elektronische Datenverarbeitung)* : l'informatique
- *der Chip (-s)* : la puce (électronique)
- *der Computer (-) / der PC* : l'ordinateur
- *die Tastatur* : le clavier
- *die Maus* : la souris
- *klicken* : cliquer
- *die Software* : le logiciel
- *die Datei (-en)* : le fichier
- *registrieren* : enregistrer
- *schützen / sichern* : sauvegarder
- *der USB-Stick* : la clé USB
- *herunterladen (u, a, ä)* : télécharger
- *drucken* : imprimer
- *der Drucker* : l'imprimante
- *digitalisieren* : numériser
- *die E-Mail (-s)* : l'e-mail
- *die Anlage (-n)* : la pièce jointe
- *sich ins Internet einloggen / online gehen* : se connecter à Internet
- *die Webseite* : le site internet
- *die Daten* : les données
- *raubkopieren* : pirater
- *das Sozialnetz (-e)* : le réseau social
- *der Benutzer (-) / der Teilnehmer (-)* : l'usager / l'utilisateur

Andere Digitalträger • Autres supports numériques

- *das Handy (-s)* : le téléphone portable
- *das Tablett (-e)* : la tablette
- *die Anwendung (-en)* : l'application
- *interaktiv* : interactif
- *der Tastbildschirm (-e)* : l'écran tactile

La société de consommation

25

QUIZ p. 43

Der Konsum • La consommation

- *das Geschäft (-e)* : la boutique, le magasin
- *der Supermarkt (¨e)* : le supermarché
- *das Einkaufszentrum (-en)* : le centre commercial
- *der Versandhandel* : la vente par correspondance
- *die Marktlücke (-n)* : le créneau (commercial)
- *das Angebot (-e)* : l'offre
- *die Nachfrage (-n)* : la demande
- *bestellen* : commander
- *auf Kredit kaufen* : acheter à crédit
- *sich verschulden* : s'endetter
- *der Verbraucher (-)* : le consommateur
- *der Kunde (-n)* : le client
- *die Preise steigen (ie, ie) ≠ sinken (a, u)* : les prix augmentent ≠ baissent
- *teuer ≠ billig* : cher ≠ bon marché
- *die Kreditkarte (-n)* : la carte de crédit
- *die Ermässigung (-en)* : la réduction
- *der Schlussverkauf* : les soldes

Die Werbung • La publicité

- *die Marke (-n)* : la marque
- *der Werbefachmann (leute)* : le publicitaire
- *der Werbespot (s)* : le spot publicitaire
- *das Plakat (-e)* : l'affiche
- *die Anzeige (-n)* : l'annonce
- *der Slogan (-s)* : le slogan
- *aufdringlich* : accrocheur
- *lügenhaft* : mensonger
- *beeinflussen* : influencer
- *zum Kauf verleiten* : pousser à acheter
- *in das private Leben eindringen* : pénétrer dans la vie privée
- *die unerwünschte Post* : le courrier indésirable

QUIZ p. 43

Die Umweltverschmutzung • La pollution

- *umweltschädlich* : polluant
- *das Wasser verschmutzen* : polluer l'eau
- *die Luft verpesten* : polluer l'air
- *die Abfälle* : les ordures
- *die Giftstoffe* : les produits toxiques
- *der Atommüll* : les déchets nucléaires
- *die Radioaktivität* : la radioactivité
- *die Treibhausgase* : les gaz à effet de serre
- *die CO_2-Emissionen* : les émissions de CO_2
- *die Erderwärmung* : le réchauffement climatique
- *das Abschmelzen des Polareises* : la fonte de la banquise
- *verschwenden* : gaspiller
- *gefährden* : mettre en danger
- *drohen* : menacer

Der Umweltschutz • La protection de l'environnement

- *umweltfreundlich* : non-polluant, écologique
- *die Ökologie* : l'écologie
- *die nachhaltige Entwicklung* : le développement durable
- *den Müll sortieren* : trier les ordures
- *wiederverwerten* : recycler
- *das Recycling* : le recyclage
- *Energie sparen* : économiser l'énergie
- *die Reduzierung von Treibhausgasemissionen* : la réduction des émissions de gaz à effet de serre

ZIVILISATION

Die Grünen haben eine Pionierrolle gespielt. Sie waren immer für die Abrüstung (*désarmement*) und gegen die Atomenergie, gegen die Luft- und Wasserverschmutzung, also für bleifreies Benzin (*essence sans plomb*) und Kläranlagen (*stations d'épuration*), für die Müllsortierung, für die erneuerbaren Energien. Deutschland wird in 15 Jahren völlig auf die Atomkraft verzichten.

Quiz express 27

Vérifiez que vous avez bien retenu les points importants fiches 23 à 26

1 Les progrès scientifiques

1. Die Erfinder haben unser Leben

- ☐ a. gerettet
- ☐ b. verbessert
- ☐ c. verschlechtert

2. Die medizinische Forschung wird manchmal kritisiert, weil die Fragen .... Natur nicht einfach zu lösen sind.

- ☐ a. etlicher
- ☐ b. esthetisher
- ☐ c. ethischer

2 Les nouvelles technologies

Complétez avec : *Benutzer – digitalisiert – drucken – sich einloggen – E-Mails – herunterladen – klicken – Sozialnetz*

1. Der EDV-............ braucht nur auf dem Computer zu ...., um ..... ins Internet ....
2. Dann kann er eine Datei .... und eventuell ....
3. Er schickt auch ...., ... Fotos oder Dokumente, die er dann im .... weitergeben kann.

3 La société de consommation

1. Bevor man ☐ einkauft ☐ verkauft, sieht man ☐ Werbespots ☐ Filme im ☐ Radio ☐ Fernsehen oder liest die ☐ Ansagen ☐ Anzeigen in Magazinen, was uns oft ☐ erstaunt ☐ beeinflusst.

2. Der ☐ Verbraucher ☐ Kunde ist manchmal zum Kauf ☐ verleitet ☐ verliehen durch ☐ lügenhafte ☐ lebhafte ☐ Slogans ☐ Worte.

4 Les progrès et l'environnement

Complétez avec : *erneuerbare – schützen – Solaranlagen – sparen – Umwelt – verwenden – Windrad*

Um die .... zu ...., sollte man Energie ...., zum Beispiel .... Energien .... wie die .... oder das ....

Corrigés !

Score : … / 25

1 *Les progrès scientifiques*

Fiche 24

1. b. Die Erfinder haben unser Leben verbessert.

2. c. Die medizinische Forschung wird manchmal kritisiert, weil die Fragen ethischer Natur (*d'ordre éthique*) nicht einfach zu lösen sind.

2 *Les nouvelles technologies*

Fiche 25

1. Der EDV-Benutzer braucht nur, auf dem Computer zu klicken, um sich ins Internet einzuloggen.
2. Dann kann er eine Datei herunterladen und eventuell drucken.
3. Er schickt auch E-Mails, digitalisiert Fotos und Dokumente, die er dann im Sozialnetz weitergeben kann.

3 *La société de consommation*

Fiche 26

1. Bevor man einkauft, sieht man Werbespots im Fernsehen oder liest die Anzeigen in Magazinen, was uns oft beeinflusst.
■ Attention à distinguer *einkaufen* (faire des achats) et *verkaufen* (vendre), *die Anzeige* (l'annonce écrite) et *die Ansage* (l'annonce orale).
■ Notez bien ces deux expressions exprimant la même notion : *beeinflussen* (influencer) et *einen Einfluss ausüben* (exercer une influence).

2. Der Verbraucher ist manchmal zum Kauf verleitet durch lügenhafte Slogans.
Attention à distinguer *der Verbraucher* (le consommateur) et *der Kunde* (le client).

4 *Les progrès et l'environnement*

Fiches 24 et 27

Um die Umwelt zu schützen, sollte man Energie sparen, zum Beispiel erneuerbare Energien verwenden wie die Solaranlagen oder das Windrad.

Les noms (1) : masculin, féminin ou neutre

28

QUIZ p. 53

Il y a trois genres en allemand.
Voici quelques points de repère pour connaître assez facilement le genre de certains noms.

1 Les noms masculins

Les noms de métiers : souvent en *-er* ou *-eur*	*der Lehrer* : le professeur *der Chemiker* : le chimiste *der Friseur* : le coiffeur *der Ingenieur* : l'ingénieur *der Arzt* : le médecin
Les noms formés sur le radical d'un verbe	*der Gewinn* : le gain, le bénéfice *der Verkehr* : la circulation *der Vergleich* : la comparaison
Les noms de mois et de jours	*am Sonntag* : le dimanche *im Juni* : en juin
Les noms en *-ling*	*der Lehrling* : l'apprenti *der Säugling* : le nourrisson *der Flüchtling* : le réfugié
Les noms en *-ismus*	*der Kapitalismus* : le capitalisme *der Kommunismus* : le communisme
Les noms de phénomènes atmosphériques	*der Regen* : la pluie *der Wind* : le vent *der Sturm* : la tempête

REMARQUE Les **masculins faibles** désignent des noms d'êtres animés : les animaux (*der Bär*), les êtres humains (*der Mensch*), les habitants d'un pays (*der Däne*). Beaucoup sont d'origine étrangère (*der Pilot*).

2 Les noms féminins

Les noms en *-ung, -heit, -keit, -schaft, -ät, -ion, -ei*	*die Haltung* : l'attitude *die Freiheit* : la liberté *die Flüssigkeit* : le liquide *die Gesellschaft* : la société *die Diät* : le régime alimentaire *die Nation* : la nation

Les noms de métiers féminins : en général en *-in*	*die Lehrerin* : la professeur *die Chemikerin* : la chimiste
La plupart des noms en *-t* **ou** *-e*	*die Macht* : le pouvoir *die Kraft* : la force physique *die Länge* : la longueur *die Breite* : la largeur *die Ferne* : le lointain
Les noms d'arbres : (sauf avec le suffixe *-baum*, **masculin)**	*die Tanne* : le sapin *die Eiche* : le chêne *die Buche* : le hêtre [une exception : *der Ahorn* (l'érable)]
Les noms désignant des chiffres	*die Eins* : le un ; *die Drei* : le trois…

3 Les noms neutres

Les infinitifs substantivés	*das Essen* : le repas *das Lachen* : le rire *das Vergnügen* : le plaisir
Les noms collectifs avec le préfixe *ge-*	*das Gewitter* : l'orage *das Gemüse* : le(s) légume(s) *das Gebüsch* : les buissons
Les noms diminutifs en *-chen* **et** *-lein*	*das Mädchen* : la fille *das Kindlein* : le petit enfant
Les noms désignant des fractions	*das Viertel* : le quart, le quartier *das Drittel* : le tiers *das Zehntel* : le dizième
Les noms géographiques	(→ FICHE 36)
Les noms de métaux	*das Eisen* : le fer *das Kupfer* : le cuivre *das Uran* : l'uranium [deux exceptions : *der Stahl* (l'acier), *die Bronze* (le bronze)]

Les noms (2) : la formation du pluriel

29

QUIZ p. 53

1 Règle générale

La terminaison ajoutée pour former le pluriel d'un nom dépend de son genre.

Masculin	Féminin	Neutre
-e	-en	-er *ou* -e

2 Le pluriel des noms masculins

▶ **La plupart des noms masculins font leur pluriel en *-e* (ou *¨e*).**

der Tisch → die Tische : la table
der Baum → die Bäume : l'arbre
der Weg → die Wege : le chemin

▶ **Les masculins en *-el*, *-en*, *-er* sont invariables au pluriel** (ou ne prennent qu'un *Umlaut*).

der Schüler → die Schüler : l'élève
der Mantel → die Mäntel : le manteau

▶ **Les masculins faibles font leur pluriel en *-en*.** Il s'agit souvent de noms d'origine étrangère.

der Mensch → die Menschen : l'être humain
der Präsident → die Präsidenten : le président
der Student → die Studenten : l'étudiant

ATTENTION ! *Der Herr* (le monsieur) a une déclinaison particulière.

der Herr, den Herrn, dem Herrn, des Herrn
→ die Herren (pluriel)

NOTEZ BIEN

Exceptions

der Mann → die Männer : l'homme
der Wald → die Wälder : la forêt
der Streik → die Streiks : la grève
der Staat → die Staaten : l'État
der See → die Seen : le lac [n'est pas un masculin faible]

3 Le pluriel des noms féminins

- **Presque tous les noms féminins font leur pluriel en *-en*.**

die Frau → *die Frauen* : la femme
die Anzeige → *die Angeigen* : l'annonce

- **Environ 40 noms féminins font leur pluriel en *¨e*.**

die Nacht → *die Nächte* : la nuit
die Wurst → *die Würste* : la saucisse

NOTEZ BIEN

Exceptions
die Oma → *die Omas* : la mamie
die Mutter → *die Mütter* : la mère
die Tochter → *die Töchter* : la fille

4 Le pluriel des noms neutres

Les noms neutres présentent **deux marques de pluriel** (aussi courantes l'une que l'autre) :

- **le pluriel en *-er* ou *¨er***

das Kind → *die Kinder* : l'enfant
das Feld → *die Felder* : le champ
das Haus → *die Häuser* : la maison

- **le pluriel en *-e***

das Spiel → *die Spiele* : le jeu
das Tier → *die Tiere* : l'animal
das Jahr → *die Jahre* : l'année

NOTEZ BIEN

Les neutres en *-el*, *-en*, *-er* ainsi que les diminutifs en *-chen* et *-lein* sont **invariables au pluriel.**
das Viertel → *die Viertel* : le quartier
das Messer → *die Messer* : le couteau
das Mädchen → *die Mädchen* : la fille

La déclinaison du groupe nominal 30

? QUIZ p. 53

Pour maîtriser la déclinaison du groupe nominal, il faut savoir décliner l'article défini, le nom et l'adjectif épithète.

1 La déclinaison de l'article défini

	Masculin	Féminin	Neutre	Pluriel
Nominatif	der	die	das	die
Accusatif	den	die	das	die
Datif	dem	der	dem	den
Génitif	des	der	des	der

2 La déclinaison du nom

La déclinaison du nom se limite à deux cas.

▶ **On ajoute *-(e)s* au génitif masculin et neutre.**

- *Die Eltern des Kindes waren zufrieden.*
  Les parents de l'enfant étaient contents.
- *die Farben des Bildes* : les couleurs de l'image
- *die Hut des Opas* : le chapeau du grand-père

▶ **On ajoute *-(e)n* au datif pluriel.**

- *Man schenkte den Kindern Bonbons.*
  On offrait des bonbons aux enfants.
- *mit meinen Freunden* : avec mes amis

EXCEPTION Les **masculins faibles** prennent la désinence *-en* à tous les cas autres que le nominatif singulier (→ FICHE 28).

3 La déclinaison de l'adjectif épithète

Il faut distinguer deux situations :

▶ Le groupe nominal est **introduit par un déterminant** ; celui-ci porte alors la marque du cas et du genre.

▶ Le groupe nominal **n'est pas introduit par un déterminant.** C'est alors l'adjectif épithète qui porte la marque du cas et du genre.

A Déclinaison faible

Après un déterminant de type *der*, *die*, *das* ou un dérivé (*dieser*, etc.)

▶ La désinence est -e dans les cas suivants :

	Masculin	Féminin	Neutre
Nominatif	-e	-e	-e
Accusatif		-e	-e

Wir haben dieses neue Buch gekauft.
Nous avons acheté ce nouveau livre.

▶ Pour tous les autres cas (au singulier et au pluriel), la désinence est *-en*.

- *Die jungen Sportler trainieren jeden Tag.*
  Les jeunes sportifs s'entraînent tous les jours.
- *Ich bekam die besten Noten.*
  J'ai eu les meilleures notes.

B Déclinaison dite mixte

Après un déterminant de type *ein*, *eine*, *ein* (au pluriel *keine*) ou un adjectif possessif

▶ Les désinences sont les suivantes dans les cas suivants :

	Masculin	Féminin	Neutre
Nominatif	-er	-e	-es
Accusatif		-e	-es

ein hübsches Mädchen : une jolie fille

▶ Pour tous les autres cas, la désinence est *-en*.

Er trinkt keinen billigen Wein.
Il ne boit pas de vin bon marché.

C Déclinaison forte

Quand le groupe nominal n'est pas introduit par un déterminant, c'est l'adjectif qui porte la marque du cas et du genre.
Les terminaisons de l'adjectif sont celles de l'article défini à tous les cas, sauf au génitif masculin et neutre où l'on ajoute *-en*.

- *Ich möchte frisches Wasser (das) / frische Brötchen (die).*
  Je voudrais de l'eau fraîche / des petits pains frais.
- *Wir kaufen eine Flasche guten Weins.* [rare]
  Nous achetons une bouteille de bon vin.

Démonstratifs et possessifs

31

QUIZ p. 53

1 Les démonstratifs

On distingue plusieurs formes de déterminants démonstratifs : des formes simples et des formes composées.

A Les formes simples *dieser* et *jener*

Elles **se déclinent comme l'article défini.**

• *Dieser, diese, dieses* fait référence à quelqu'un ou quelque chose de connu.

> *An diesem Abend bin ich ins Kino gegangen.*
> Ce soir-là je suis allé au cinéma.

• *Jener, jene, jenes*, moins employé, désigne une réalité plus éloignée dans le temps ou dans l'esprit.

> *Wir erinnern uns an jene berühmte Rede Kennedys.*
> Nous nous rappelons ce fameux discours de Kennedy.

B Les formes composées *derjenige, derselbe* et *der gleiche*

▶ **Les deux parties se déclinent**, la première comme l'article défini, la seconde comme l'adjectif épithète.

Masculin	Féminin	Neutre	Pluriel
derjenige	diejenige	dasjenige	diejenigen
derselbe	dieselbe	dasselbe	dieselben

▶ Ces formes composées ont chacune une **signification particulière.**

• *Derjenige* évoque une distance, spatiale ou subjective.

> *Es waren diejenigen Leute, die wir vorher gesehen hatten.*
> C'étaient ces gens que nous avions vus auparavant.

• *Derselbe* ajoute l'idée d'identité avec l'objet précédent.

> *Ich hatte dieselbe Idee.* J'avais la même idée.

• *Der gleiche* indique la similitude, l'analogie (l'objet est semblable à l'objet précédent).

> *Es ist das gleiche Kleid, aber in einer anderen Farbe.*
> C'est la même robe, mais d'une autre couleur.

NOTEZ BIEN

Les **pronoms démonstratifs** ont les mêmes formes que les déterminants démonstratifs : *dieser, jener, derjenige, derselbe.*

- *Dieser war zu klein, jener zu gross.*
  Celui-ci était trop petit, celui-là trop grand.
- *Sie ist diejenige, die im Film gespielt hat.*
  C'est celle qui a joué dans le film.
- *Er sagt immer dasselbe.* Il répète toujours la même chose.

2 Les possessifs

A Formes

Les déterminants possessifs se déclinent comme l'article indéfini.

	Masculin	Féminin	Neutre	Pluriel
1re pers. sg	mein	meine	mein	meine
2e pers. sg	dein	deine	dein	deine
3e pers. sg	sein / ihr	seine / ihre	sein / ihr	seine / ihre

	Masculin	Féminin	Neutre	Pluriel
1re pers. pl.	unser	unsere	unser	unsere
2e pers. pl.	euer	eure	euer	eure
3e pers. pl.	ihr	ihre	ihr	ihre
Forme de politesse	Ihr	Ihre	Ihr	Ihre

B Emploi

Le choix du déterminant possessif de la 3e personne se fait **en fonction du possesseur** et non, comme en français, de l'objet possédé.

- *sein Hund* : son chien [le propriétaire est un homme]
  ihr Hund : son chien [le propriétaire est une femme]
- *Mein Bruder wohnt in Paris, seine Tochter lebt in München.*
- *Sie mag ihr neues Kleid sehr.*

NOTEZ BIEN

Les **pronoms possessifs** se déclinent comme l'article défini *der, die, das* : *meiner, meine, meines ; deiner, seiner,* etc.
Das ist nicht dein Wagen, sondern meiner.
Ce n'est pas ta voiture, mais la mienne.

? Quiz express 32

Vérifiez que vous avez bien retenu les points importants **fiches 28 à 31**

1 *Le genre et la déclinaison des noms*

Compléter par les formes voulues.

1. In d.... Bäckerei kauft man Brot.
2. Heute scheint d... Sonne. Wir brauchen kein... Regenschirm.
3. Es ist ein... neu.... Viertel.
4. .... neunt.... Juni findet d... Prüfung statt.
5. In d... Frankfurt... Allgemein.... Zeitung stehen die neuest.... Nachrichten.

2 *La formation du pluriel*

1. (Der Arbeiter) .... demonstrieren manchmal.
2. (Der Mann) .... tranken Whisky.
3. (Das Mädchen) .... tanzen gern.
4. (Der Student) .... essen in der Mensa.
5. (Das Auto) .... fahren schnell auf der Autobahn.

3 *Les démonstratifs*

1. Sie trägt immer .... Schuhe.
   ☐ a. dieselben ☐ b. dasselbe ☐ c. derselbe
2. Er war .... , ... zum ersten Mal davon gesprochen hat.
   ☐ a. derjenige, der ☐ b. dasjenige, das ☐ c. demjenigen, dem
3. Es war in .... Zeit, als die Stadt bombardiert wurde.
   ☐ a. jenem ☐ b. jener ☐ c. dieser

4 *Les possessifs*

1. Sie ist mit .... Freund spazieren gegangen.
   ☐ a. ihrem ☐ b. seinem ☐ c. ihrer
2. Er sagte mir, dass er mit ...... Frau nach Berlin gefahren war.
   ☐ a. sein ☐ b. ihrem ☐ c. seiner
3. ...... Haus steht im neuen Viertel.
   ☐ a. Unsere ☐ b. Unser ☐ c. Unserer
4. Wo sind ...... Partner geblieben?
   ☐ a. euer ☐ b. eurer ☐ c. eure

Corrigés !

Score : ... / 17

1 Le genre et la déclinaison des noms

Fiches 28 et 30

1. In der Bäckerei kauft man Brot.
Les noms en *-ei*, *-ät*, *-ung* sont féminins.

2. Heute scheint die Sonne. Wir brauchen keinen Regenschirm.

3. Es ist ein neues Viertel.
Les noms en *-el*, *-er*, *-en* sont neutres.

4. Am neunten Juni findet die Prüfung statt.
Les noms de mois sont masculins.

5. In der Frankfurter Allgemeinen Zeitung stehen die neuesten Nachrichten.
Les adjectifs formés sur les noms de villes se terminent par *-er* et sont invariables.

2 La formation du pluriel

Fiche 29

1. *Die Arbeiter* : invariable au pluriel.

2. *Die Männer* : ce pluriel est une exception.

3. *Die Mädchen* : diminutif invariable au pluriel.

4. *Die Studenten* : nom d'origine étrangère comme *Präsident*.

5. *Die Autos* : nom d'origine étrangère d'où le pluriel en *–s*.

3 Les démonstratifs

Fiche 31

1. a. Sie trägt immer dieselben Schuhe. (les mêmes)

2. a. Er war derjenige, der zum ersten Mal davon gesprochen hat. (celui ... qui)

3. b. Es war in jener Zeit, als die Stadt bombardiert wurde. (à cette époque-là, autrefois)

4 Les possessifs

Fiche 31

1. a. *ihrem Freund* : son ami à elle.

2. c. *seiner Frau* : sa femme à lui.

3. b. *Unser Haus*.

4. c. *eure Partner* : pluriel sans -e intermédiaire.

Les pronoms personnels et réfléchis

33

QUIZ p. 63

1 Les pronoms personnels

		Nominatif	Accusatif	Datif
Singulier	1re pers.	ich	mich	mir
	2e pers.	du	dich	dir
	3e pers.	er sie es	ihn sie es	ihm ihr ihm
Pluriel	1re pers.	wir	uns	uns
	2e pers.	ihr	euch	euch
	3e pers.	sie	sie	ihnen
	Forme de politesse	Sie	Sie	Ihnen

Les pronoms personnels se déclinent. Les formes du génitif sont inusitées.

NOTEZ BIEN

Il y a **trois pronoms pour la 3e personne du singulier** : *er, sie* et *es* ; et deux pour la 3e personne du pluriel : *sie* et *Sie*.
Ne pas confondre *Sie* (forme de politesse) avec *ihr* (vous collectif).

2 Les pronoms réfléchis : formes

Les formes du pronom réfléchi sont identiques à celles du pronom personnel à l'accusatif, sauf à la 3e personne du singulier et du pluriel. Sa forme est alors *sich*.

Singulier	1re pers.	ich wasche mich
	2e pers.	du wäscht dich
	3e pers.	er/sie/es wäscht sich
Pluriel	1re pers.	wir waschen uns
	2e pers.	ihr wascht euch
	3e pers.	sie waschen sich
	Forme de politesse	Sie waschen sich

3 Les pronoms réfléchis : emplois

▶ On distingue **deux types de verbes** s'employant avec des pronoms réfléchis :
– les verbes essentiellement pronominaux qui s'emploient obligatoirement avec le pronom réfléchi ;
– les verbes pronominaux réfléchis qui peuvent s'employer avec le pronom réfléchi ou avec un autre complément à l'accusatif.

▶ Les pronoms réfléchis entrent dans la construction de verbes pronominaux allemands dont **la traduction française n'est pas une forme pronominale**.
En voici quelques exemples.

sich ändern changer	*In seinem Alter ändert man sich nicht mehr.* À son âge, on ne change plus.
sich fürchten avoir peur	*Fürchte dich nicht!* N'aie pas peur !
sich schämen avoir honte	*Du brauchst dich nicht zu schämen.* Tu n'as pas à avoir honte.

▶ **À l'inverse**, certains verbes français pronominaux ne se traduisant pas en allemand par un verbe pronominal.
En voici quelques exemples.

aufstehen se lever	*Steh auf, es ist spät!* Lève-toi, il est tard !
geschehen se produire, se passer	*Was ist denn bloß geschehen?* Mais qu'est-ce qui s'est passé ?
halten s'arrêter	*Halt' bitte an!* Arrête-toi s'il te plaît.
heiraten se marier	*Sie will auf keinen Fall heiraten.* Elle ne veut en aucun cas se marier.
heißen s'appeler	*Wie heißen Sie?* Comment vous appelez-vous ?
schweigen se taire	*Er schwieg lieber.* Il préférait se taire.
staunen s'étonner	*Da staunst du, was?* Ça t'étonne, non ?

Les pronoms interrogatifs

34

QUIZ p. 63

La plupart des pronoms interrogatifs sont invariables.
Quelques-uns se déclinent.

1 Les pronoms interrogatifs invariables

Was? Quoi / Qu'est-ce que… ?	*Was bedeutet das?* Qu'est-ce que cela signifie ?
Wo? Où ? [indique où l'on est]	*Wo wohnst du?* Où habites-tu ?
Wohin? Où ? [indique la direction où l'on va]	*Wohin fährst du?* Où vas-tu ?
Woher? D'où ? [indique d'où l'on vient]	*Woher kommst du?* D'où viens-tu ?
Woran, wodurch, womit? À quoi, par quoi, avec quoi ?	*Woran denkst du?* À quoi penses-tu ?
Wann? Quand ?	*Wann hat er angerufen?* Quand a-t-il appelé ?
Seit wann? Depuis quand ?	*Seit wann bist du krank?* Depuis quand es-tu malade ?
Wie? Comment ?	*Wie erklärst du dir das?* Comment t'expliques-tu ça ?
Wie se combine avec les adjectifs : Wie lange, wie alt…?	*Wie lange hat es gedauert?* Combien de temps cela a-t-il duré ?
Inwiefern? Dans quelle mesure ?	*Inwiefern ist seine Haltung logisch?* Dans quelle mesure son attitude est-elle logique ?
Warum / weshalb? Pourquoi ? [pour quelle raison]	*Warum/Weshalb hat er das getan?* Pourquoi a-t-il fait cela ?
Wozu? Pourquoi ? [dans quel but] À quoi ?	*Wozu dient dieser Apparat?* À quoi sert cet appareil ?

Wieviel? [se décline parfois au pluriel] Combien ? Quelle heure ?	*Wieviel kostet dieses Kleid?* Combien coûte cette robe ? *Wieviel Uhr ist es?* Quelle heure est-il ? *Wieviel Kinder hat er?* Combien d'enfants a-t-il ?

2 Les pronoms interrogatifs déclinés

Wer [nominatif], ***wen*** [accusatif], ***wem*** [datif], ***wessen*** [génitif]*?* Qui, à qui, de qui ?	*Wem gehört dieses Haus?* À qui appartient cette maison ?
Wer se combine aussi avec des prépositions ***für wen, mit wem?*** Pour qui, avec qui ?	*Mit wem ist er gefahren?* Avec qui est-il parti ?
Welcher, welche, welches…? Lequel, laquelle… ? [se combinent avec des noms et se déclinent comme l'article défini]	*An welchem Tag kommst du?* Quel jour viendras-tu ?
Was für ein/eine/ein…? Quel genre de, quelle sorte de… ? [se combinent avec des noms]	*Was für einen Wein verkaufen Sie?* Quelle sorte de vin vendez-vous ?

NOTEZ BIEN

- La forme *welches* est invariable quand le pronom est attribut.
Welches sind die Vorteile dieser Maschine?
Quels sont les avantages de cette machine ?
- *Was für ein* : *für* n'est pas considéré comme une préposition.
Il n'est donc pas nécessairement suivi de l'accusatif ; le cas de *ein* dépend du verbe qui suit.

Former des noms et des adjectifs

35

QUIZ p. 63

1 Les noms composés

▶ Le **genre** du nom composé **est donné par le nom de base.**

Partie qualificative	Base	Nom composé
das Haus	*die Tür*	*die Haustür* : la porte d'entrée
die Mannschaft	*das Spiel*	*das Mannschaftsspiel* : le jeu d'équipe
die Woche	*die Zeitung*	*die Wochenzeitung* : l'hebdomadaire

▶ L'**accent de mot est sur la partie qualificative** du nom composé. Celle-ci est parfois modifiée par l'ajout d'un :

- *-s* intermédiaire : *das Mannschaftsspiel*
- *-n* (après un *-e*) : *die Wochenzeitung*

2 Les noms dérivés de verbes

▶ **Masculins formés sur le radical du verbe.**

betreiben → *der Betrieb* : l'entreprise
kaufen → *der Kauf* : l'achat
ziehen → *der Zug* : le train

▶ **Féminins formés avec le suffixe *-t*.**

ankommen → *die Ankunft* : l'arrivée
können → *die Kunst* : l'art
tun → *die Tat* : l'action, le fait

▶ **Féminins formés avec le suffixe *-ung*.**

entwickeln → *die Entwicklung* : l'évolution, le développement
leisten → *die Leistung* : la performance
wirken → *die Wirkung* : l'effet

3 Les noms dérivés de substantifs

▶ **Féminins formés avec le suffixe *-ei*.**

der Maler → *die Malerei* : la peinture
der Drucker → *die Druckerei* : l'imprimerie

der Metzger → *die Metzgerei* : la boucherie-charcuterie

▶ **Féminins formés avec le suffixe *-schaft*.**

der Feind → *die Feindschaft* : l'inimitié
der Freund → *die Freundschaft* : l'amitié
der Wirt → *die Wirtschaft* : l'économie

4 Les noms dérivés d'adjectifs

▶ **Féminins formés avec le suffixe *-heit*.**

frei → *die Freiheit* : la liberté
gleich → *die Gleichheit* : l'égalité
sicher → *die Sicherheit* : la sécurité

▶ **Féminins formés avec le suffixe *-keit*.**

abhängig → *die Abhängigkeit* : la dépendance
fähig → *die Fähigkeit* : la capacité
möglich → *die Möglichkeit* : la possibilité

5 Les adjectifs dérivés

▶ **Suffixes les plus fréquents**

-ig	*zwanzigjährig* : âgé de 20 ans
-isch	*französisch* : français
-lich	*täglich* : quotidien

▶ **Autres suffixes**

-arm	*bevölkerungsarm* : peu peuplé
-reich	*lehrreich* : instructif, riche en enseignement
-bar	*vergleichbar* : comparable
-frei	*bleifrei* : sans plomb
-los	*arbeitslos* : sans travail, chômeur
-voll	*eindrucksvoll* : impressionnant

▶ **Le préfixe *un-*** indique un contraire

dankbar (reconnaissant) → *undankbar* (ingrat)
möglich (possible) → *unmöglich* (impossible)

Les noms géographiques

36

QUIZ p. 63

1 Avec ou sans article ?

▶ Les noms géographiques qui désignent un continent, un pays, une région, une ville sont employés le plus souvent **sans article.**

Sie wohnen in Europa / in Frankreich / in Paris.
Ils habitent en Europe / en France / à Paris.

▶ Ils sont cependant **neutres.** Leur genre apparaît dans deux cas :

• lorsqu'ils sont précédés d'un adjectif épithète ;

das neue Deutschland (la nouvelle Allemagne)

• lorsqu'ils sont suivis d'un complément de nom.

das Deutschland der zwanziger Jahre (l'Allemagne des années 1920)

▶ **Certains noms de pays prennent l'article.** Ce sont des exceptions ou des noms qui désignent plutôt un système politique.

die Schweiz, die Slowakei, die Türkei, der Iran, der Irak, der Libanon, die USA / die Vereinigten Staaten, die Bundesrepublik

2 Les noms d'habitants et de langue

Il faut toujours **distinguer le nom de l'habitant** d'un pays et **celui de la langue parlée** dans ce pays.

Ich bin Franzose / Französin, ich spreche Französisch.
Je suis français / française, je parle français.

▶ Il y a **deux catégories de noms** pour désigner l'habitant d'un pays :

• les noms en *-e* (masculin) et *-in* (féminin) ;

der Schwede / die Schwedin, der Pole, der Tscheche…

• les noms en *-er* (masculin) et *-erin* (féminin).

der Engländer / die Engländerin, der Italiener, der Spanier…

NOTEZ BIEN

Il n'y a qu'un mot pour désigner **l'Allemand (habitant de l'Allemagne) et l'allemand (la langue).**

• *der Deutsche, die Deutsche, die Deutschen* [adjectif substantivé] qui se décline : l'Allemand(e), les Allemands

• Mais : *Er spricht sehr gut Deutsch* [invariable]. Il parle très bien allemand.

Mesures et quantités

37

QUIZ p. 63

1 Mesures et monnaies

▶ **Les indications de mesure sont invariables en règle générale**, sauf les unités terminées par *-e*, qui font *-en* au pluriel, et qui sont suivies immédiatement de l'élément mesuré.

zwei Pfund (livres) *Butter, zehn Kilo Äpfel, vier Meter Stoff* (tissu),
zwei Stück Zucker, drei Glas Wein,
minus zehn Grad, zwei Dutzend Eier

Mais :

drei Tonnen Altpapier : trois tonnes de vieux papier
zwei Flaschen Bier : deux bouteilles de bière

▶ **La plupart des noms de monnaies sont invariables**, même après une préposition suivie du datif. On dira :

10 Euro, 10 Cent(s), 10 Pfund (livres sterling), *10 Dollar(s)*
Mit zehn Euro in der Tasche… Avec dix euros en poche…

2 Fractions, pourcentages, fréquences

▶ **la demie, la moitié** : *die Hälfte, halb*

die Hälfte Europas, halb Europa : la moitié de l'Europe
Es ist halb drei. Il est deux heures et demie.

Halb est aussi employé en tant qu'adjectif épithète.

ein halbes Dutzend Eier : une demi-douzaine d'œufs

▶ **Pour « un et demi »**, on emploie *anderthalb* suivi du pluriel.

Nach anderthalb Stunden kam er zurück.

▶ **un tiers, un quart, un cinquième…** : *ein Drittel, ein Viertel, ein Fünftel…* (invariables au pluriel)

▶ **50 pour cent** : *50 Prozent*

▶ **un sur deux/trois…** : *jeder zweite/dritte…*

Jeder zweite bestand die Prüfung. Un sur deux a réussi l'examen.

▶ **tous les deux/trois… + complément de temps** : *alle*

alle vierzehn (7x2) Tage: tous les quinze jours

? Quiz express 38

Vérifiez que vous avez bien retenu les points importants **fiches 33 à 37**

1 *Les pronoms personnels*

Remplacez les mots en italique par un pronom personnel.

1. Er wohnt noch bei *seinen Eltern*.
2. Hast du *Martina* die CD zurückgegeben?
3. Wo hast du *Johann* gesehen?

2 *Les pronoms interrogatifs*

Posez les questions qui portent sur les mots en italique.

1. *Am 25. April* hat sie Geburtstag.
2. Er hat *seine Freundin* zum Essen eingeladen.
3. Er besitzt *drei* Autos.
4. Er fährt im Juli *nach Berlin*.

3 *La formation des adjectifs*

Formez des adjectifs à partir des phrases suivantes.

1. Er ist 20 Jahre alt. Er ist ....
2. Sie ist Französin. Sie spricht ....
3. Das kann man vergleichen. Es ist ....
4. Er hat keine Arbeit. Er ist ....

4 *Les noms géographiques*

1. Sie wohnen ☐ **a.** in ☐ **b.** im Deutschland.
2. Er kommt ☐ **a.** aus ☐ **b.** aus der Schweiz.
3. Der ☐ **a.** Italiene ☐ **b.** Italiener lebt in Italien.
4. In Spanien hat er viele ☐ **a.** Deutschen ☐ **b.** Deutsche getroffen.

5 *Mesures et quantités*

1. Sie kauft zwei ☐ **a.** Kilo ☐ **b.** Kilos Aprikosen, 6 ☐ **a.** Flasche ☐ **b.** Flaschen Bier und ein ☐ **a.** hal ☐ **b.** halbes Dutzend Eier. Es kostet 10 ☐ **a.** Euro ☐ **b.** Euros.
2. Er geht ☐ **a.** jede zwei ☐ **b.** jede zweite Woche ins Kino.

Corrigés !

Score : … / 20

1 *Les pronoms personnels*

Fiche 33

1. Er wohnt noch bei ihnen. (datif pluriel)

2. Hast du ihr die CD zurückgegeben? (datif féminin)

3. Wo hast du ihn gesehen? (accusatif masculin)

2 *Les pronoms interrogatifs*

Fiche 34

1. Wann hat sie Geburtstag?

2. Wen hat er zum Essen eingeladen?

3. Wieviel Autos besitzt er?

4. Wohin fährt er im Juli?

3 *La formation des adjectifs*

Fiche 35

1. Er ist zwanzigjährig.

2. Sie spricht Französisch.
Attention à distinguer l'habitant et la langue. À noter cependant que l'adjectif conserve ici la majuscule car il désigne la langue.

3. Es ist vergleichbar.

4. Er is arbeitslos.

4 *Les noms géographiques*

Fiche 36

1. a. Sie wohnen in Deutschland. (sans article)

2. b. Er kommt aus der Schweiz.
Ce nom de pays prend exceptionnellement un article.

3. b. Der Italiener lebt in Italien.

4. b. In Spanien hat er viele Deutsche getroffen. (adjectif substantivé)

5 *Mesures et quantités*

Fiche 37

1. a. zwei Kilo Aprikosen. (invariable)
a. zwei Flaschen Bier. (pluriel)
b. ein halbes Dutzend Eier. (décliné)
a. 10 Euro. (invariable)

2. b. jede zweite Woche. (une semaine sur deux)

La place du verbe

39

QUIZ p. 77

En allemand, le verbe peut être en dernière position, en deuxième position ou en tête de phrase. Sa position varie selon le type de phrase et la nature de la proposition (autonome ou subordonnée).

1 En dernière position

C'est la place typique du verbe allemand. Le verbe l'occupe :

▶ **dans un groupe infinitif** (sujet ou complément)

Ich muss heute Abend zurückfahren.
Je dois rentrer ce soir.

▶ **dans une proposition subordonnée**

Ich frage mich, ob sie heute noch kommen wird.
Je me demande si elle viendra encore aujourd'hui.

NOTEZ BIEN

C'est toujours le **noyau verbal conjugué** qui se place en dernière position, donc l'auxiliaire dans les temps composés.
Ich glaube, dass er verreist ist.
Je crois qu'il est parti en voyage.

2 En deuxième position

C'est la place la plus fréquente. Le verbe l'occupe :

▶ **dans la phrase interrogative partielle** après le pronom interrogatif (comme en français)

Wer ist da? Qui est là ?
Wo hat sie gewohnt? Où a-t-elle habité ?

▶ **dans la phrase déclarative** (au sein d'une proposition autonome)
Le noyau verbal conjugué est ainsi toujours en deuxième position après :

- le sujet ou groupe sujet (pronom, groupe nominal) ;

Er kommt am Sonntag.
Il viendra dimanche.
Meine Eltern sind einverstanden.
Mes parents sont d'accord.

• un complément (d'objet ou circonstanciel) ;

Den Mann kannte ich nicht.
Je ne connaissais pas cet homme.
Zu Weihnachten hat es geschneit.
À Noël il a neigé.

• un adverbe (même très court !) ;

Bald ist er zurück.
Bientôt il sera de retour.

• une proposition subordonnée.

Wenn es regnet, gehe ich lieber ins Kino.
S'il pleut, je préfère aller au cinéma.

REMARQUE Les mots de liaison *und, aber, sondern, oder, denn* ne comptent pas comme premier élément.

3 En tête de phrase

Le verbe est, de même qu'en français, en première position :

▶ **dans la phrase interrogative globale** (qui porte sur toute la phrase)

Wird er heute Abend ankommen?
Arrivera-t-il ce soir ?

▶ **dans la phrase impérative**

Hol ihn vom Bahnhof ab!
Va le chercher à la gare !

NOTEZ BIEN

Dans une subordonnée de condition, on peut **supprimer le** ***wenn*** **(si)** introducteur. La phrase commence alors par le verbe conjugué et la principale est reprise le plus souvent par *so*.
Wenn er zufrieden ist, lacht er ständig
devient : *Ist er zufrieden, so lacht er ständig.*
S'il est content, il rit sans arrêt.

La forme passive

40

QUIZ p. 77

Le passif est beaucoup plus employé en allemand qu'en français, en particulier dans les tournures impersonnelles souvent traduites par « on ».
Hier wird Englisch gesprochen. ***Ici on parle anglais.***

1 *Caractéristiques*

▶ Pour la **conjugaison du passif**, on utilise l'auxiliaire *werden* + le participe II.

Présent	*Die Arbeit wird gemacht.* Le travail est (en train d'être) fait.
Prétérit	*Die Arbeit wurde gemacht.* Le travail fut fait.
Parfait	*Die Arbeit ist gemacht worden.* Le travail a été fait.
Plus-que-parfait	*Die Arbeit war gemacht worden.* Le travail avait été fait.
Futur	*Die Arbeit wird gemacht werden.* Le travail sera fait.

REMARQUE La forme du participe II de *werden* (parfait et plus-que-parfait) est raccourcie en *worden*.

▶ L'**infinitif passif** est formé avec le participe II du verbe conjugué et l'infinitif *werden*.

Das muss gemacht werden.
Cela doit être fait.

NOTEZ BIEN

Il ne faut pas confondre le passif et le futur.
Le futur se conjugue également avec l'auxiliaire *werden*, mais suivi de l'infinitif.

- *Peters Geburtstag wird gefeiert.* [passif]
  On fête l'anniversaire de Peter.
- *Wir werden Peters Geburtstag feiern.* [futur]
  Nous fêterons l'anniversaire de Peter.

2 De l'actif au passif

Quand on passe d'une forme active à une forme passive, il faut opérer plusieurs modifications.

▶ **Le complément d'objet devient le sujet.**

- *Er hat die Arbeit gemacht.*
  → *Die Arbeit ist gemacht worden.*
- *Sie verkauft Bonbons.*
  → *Bonbons werden (von ihr) verkauft.*
- *Der Student hat Freunde eingeladen.*
  → *Freunde sind von dem Studenten eingeladen worden.*

▶ **Le sujet devient un complément d'agent** ; il est en général introduit par *von* + datif, plus rarement par *durch* + accusatif.

- *Diese Zeitung wird von Millionen Leuten gelesen.*
  Ce journal est lu par des millions de gens.
- *Der Fehler wurde durch ein Missverständnis verursacht.*
  Cette erreur était due à un malentendu.

NOTEZ BIEN

Lorque le sujet est *man* à la forme active :
– il apparaît sous la forme *es* en tête de phrase au passif,
– ou disparaît complètement si la phrase commence par un autre élément.
Man erzählt viel über ihn.
On raconte beaucoup de choses sur son compte.
→ *Es wird viel über ihn erzählt.* ou *Über ihn wird viel erzählt.*

Les subjonctifs I et II

41

QUIZ p. 77

Il existe en allemand deux formes de subjonctif, mais pas de conditionnel. Le subjonctif I est le mode du discours indirect. Le subjonctif II est le mode de l'irréel (hypothétique), mais peut être utilisé aussi pour le discours indirect.

1 *Formes*

▶ Le subjonctif I et le subjonctif II ont chacun **trois temps.**

	Subjonctif I	Subjonctif II
Présent	ich sehe	ich sähe
Passé	ich habe gesehen	ich hätte gesehen
Futur	ich werde sehen	ich würde sehen

▶ **Les terminaisons sont les mêmes** à toutes les personnes et à tous les temps du subjonctif I et du subjonctif II. Elles concernent soit le verbe conjugué (au présent), soit un auxiliaire (*haben, sein* au passé, ou *werden* au futur).

	1re pers.	2e pers.	3e pers.
Singulier	-e	-est	-e
Pluriel	-en	-et	-en

ATTENTION ! L'auxiliaire *sein* n'a pas de terminaison à la 1re et à la 3e personne du singulier du subjonctif I : *ich sei, du seiest, er sei*.

▶ **Ce qui change, c'est la base de la conjugaison :**

- Pour le subjonctif I, la base est le radical de l'infinitif du verbe.
- Pour le subjonctif II, la base est le radical du prétérit + *Umlaut* (quand cela est possible : voyelles *a, o, u*).

2 *Emploi dans le discours indirect*

▶ Dans le discours indirect, qui sert à rapporter les paroles de quelqu'un, on utilise en général le **subjonctif I.**

Discours direct	Discours indirect
Er sagt: "Ich habe es nicht gewusst."	Er sagt, er habe es nicht gewusst. Er sagt, dass er es nicht gewusst habe.

▶ Quand la forme du subjonctif I est identique à celle de l'indicatif, on utilise le même temps du subjonctif II ou, plus souvent, le **futur du subjonctif II**.

Discours direct	Discours indirect
Sie sagten: "Wir spielen zusammen."	Sie sagten, sie spielten zusammen. Parce que ce présent du subjonctif II est identique au prétérit de l'indicatif, on préfère le futur du subjonctif II: → Sie sagten, sie würden zusammen spielen.

▶ L'ordre s'exprime par *sollen*, la prière par *mögen.*

Discours direct	Discours indirect
• Er sagte: "Kommen Sie herein!" • Sie sagte mir: "Bringen Sie mir bitte das Buch zurück!"	• Er sagte, ich *solle* hereinkommen. • Sie sagte mir, ich *möge* ihr das Buch zurückbringen.

3 Expression de l'irréel

▶ **Le subjonctif II sert à exprimer l'hypothèse, le souhait ou le regret.** Il est très souvent introduit par la conjonction *wenn.*

Wenn ich nur Zeit hätte!
Si seulement j'avais le temps ! [regret]

▶ Il y a toujours **concordance des temps** entre la principale et la subordonnée (donc deux fois le subjonctif II).

Wenn ich Zeit hätte, würde ich dich besuchen.
ou *Hätte ich Zeit, so würde ich dich besuchen.* [suppression de *wenn*]
Si j'avais le temps, j'irais te voir.

Les verbes de modalité

42

QUIZ p. 77

Les verbes de modalité sont au nombre de six et vont par paires.
Können *et* **dürfen** *expriment la notion de pouvoir ;*
müssen *et* **sollen**, *la notion de devoir ;*
wollen *et* **mögen**, *la notion de vouloir.*

1 Particularités de la conjugaison

La conjugaison des verbes de modalité possède des **particularités au présent** de l'indicatif :

- les 1re et 3e personnes du singulier sont identiques,
- la voyelle du radical change aux trois personnes du singulier (sauf pour *sollen*), comme pour un prétérit de verbe fort,
- le pluriel, lui, est régulier.

	können	**dürfen**	**müssen**
1re pers. sing.	ich kann	ich darf	ich muss
2e pers. sing.	du kannst	du darfst	du musst
3e pers. sing.	er kann	er darf	er muss

	sollen	**wollen**	**mögen**
1re pers. sing.	ich soll	ich will	ich mag
2e pers. sing.	du sollst	du willst	du magst
3e pers. sing.	er soll	er will	er mag

2 Construction et emploi

▶ Les verbes de modalité s'emploient en général avec un **infinitif complément non précédé de *zu***.

Leider kann ich nicht kommen.
Malheureusement je ne peux pas venir.

▶ Les différents sons de chaque verbe sont indiqués dans le tableau ci-après.

	Sens principal	Autres sens
können	pouvoir [être capable de] *Ich kann schwimmen.* Je sais nager.	« il se peut que » [éventualité] *Das kann sein.* C'est possible.
dürfen	pouvoir [permission] *Darf man hier rauchen?* Peut-on fumer ici ?	• forte probabilité [subj. II] *Er dürfte bald kommen.* Il devrait bientôt arriver. • ne pas devoir [avec négation : interdiction] *Man darf nicht so laut sprechen.* On ne doit pas parler si fort.
müssen	devoir [obligation, nécessité] *Mit sechs müssen alle Kinder in die Schule gehen.* À six ans, tous les enfants doivent aller à l'école.	certitude *Er muss krank sein.* Il est sûrement malade.
sollen	devoir [moral] *Man soll seine Eltern achten.* On doit respecter ses parents.	• volonté d'un tiers, invitation à faire *Soll ich dir helfen?* Veux-tu que je t'aide ? • « on dit que » *Er soll krank sein.* Il paraît qu'il est malade.
wollen	vouloir [volonté ferme, intention] *Er will in den Ferien nach Prag.* Il veut aller à Prague pendant les vacances.	prétendre *Er will das allein gemacht haben.* Il prétend l'avoir fait seul.
mögen	• vouloir bien, aimer *Sie mag Schokolade.* Elle aime le chocolat. • souhaiter [subj. II] : *Was möchten Sie?* Que désirez-vous ?	devoir probablement, pouvoir [probabilité] *Du magst wohl recht haben.* Tu dois avoir raison. *Wo mag er wohl sein?* Où peut-il bien être ?

Les particules et préfixes verbaux 43

QUIZ p. 77

On peut distinguer les particules verbales, qui sont le plus souvent séparables, et les préfixes verbaux qui, eux, sont toujours inséparables.

1 *Les particules séparables*

Elles sont plus nombreuses que les particules inséparables (ou préfixes verbaux).

A Caractéristiques

▶ La particule séparable est toujours **accentuée.**

▶ Elle change ou précise le sens du verbe.

nehmen : prendre
→ *mitnehmen* : emmener, emporter
Er hat das Bild mitgenommen.
Il a emporté le tableau.

B Place

▶ La particule séparable est **séparée du radical verbal aux temps simples** – présent et prétérit – dans une phrase autonome.

Sie fährt heute Morgen ab.
Elle part ce matin.

▶ Elle est **rattachée au radical verbal aux autres temps** et dans la subordonnée.

- *Er ist heute ausgegangen.*
  Il est sorti aujourd'hui.
- *Ich glaube, dass sie doch dableibt.*
  Je crois qu'elle reste finalement là.

▶ Le *ge-* du participe II ainsi que le *zu* qui précède l'infinitif se placent **entre la particule et le radical verbal.**

- *Er ist in den Klub eingetreten.*
  Il est devenu membre du club.
- *Er hat die Absicht, umzuziehen.*
  Il a l'intention de déménager.

2 Les particules inséparables (préfixes verbaux)

► **Il y en a huit** : *be-, emp-, ent-, er-, ge-, miss-, ver-, zer-.*

- *Er zerreißt den Brief.*
  Il déchire la lettre.
- *Er hat den Brief zerrissen.*
  Il a déchiré la lettre.
- *Das gefährdet den Frieden.*
  Cela met la paix en danger.
- *Das Auto verbraucht viel Benzin.*
  La voiture consomme beaucoup d'essence.

► Les particules inséparables ne sont **jamais accentuées**.

3 Les particules mixtes

Un certain nombre de particules sont **tantôt séparables, tantôt inséparables** : *durch, über, um, unter, wieder*.

	Inséparable	Séparable
wieder-	[uniquement dans le verbe *wiederholen*] *Wiederholen Sie, bitte!* Répétez, s'il vous plaît !	[dans tous les autres cas] *Ich komme gleich wieder.* Je reviens tout de suite.
durch et ***um***	[lorsqu'elles gardent le sens de la préposition : *durch* (à travers), *um* (autour de)] *Sie durchqueren das Dorf.* Ils traversent le village. *Wir umgehen das Problem.* Nous contournons le problème.	[lorsqu'elles ont un autre sens que celui de la préposition] *Wann ziehst du um?* Quand est-ce que tu déménages ?
über et ***unter***	[dans les verbes transitifs, où la préposition n'a qu'un sens atténué : *übersetzen* (traduire), *unternehmen* (entreprendre)…] *Unterbrich mich nicht!* Ne m'interromps pas !	[lorsqu'elles gardent le sens de la préposition, comme dans *überlaufen* (déborder) ou *untergehen* (se coucher [le soleil]))] *Die Sonne geht unter.* Le soleil se couche.

Les verbes à régime prépositionnel 44

QUIZ p. 77

Beaucoup de verbes allemands se construisent avec une, quelquefois deux ou trois prépositions. Il est important de les connaître pour pouvoir les intégrer dans une phrase. Voici une liste des constructions les plus courantes.

an + accusatif	• *denken* : penser à • *sich erinnern* : se souvenir de	• *sich gewöhnen* : s'habituer à • *schicken / senden* : envoyer à
an + datif	• *arbeiten* : travailler à	• *teilnehmen* : prendre part, participer à
auf + accusatif	• *ankommen* : dépendre de • *antworten* : répondre à • *anspielen* : faire allusion à • *aufpassen* : faire attention à	• *freuen* : se réjouir à l'avance de • *hinweisen* : attirer l'attention sur • *verzichten* : renoncer à • *warten* : attendre
auf + datif	• *beruhen* : reposer sur	• *bestehen* : insister sur
aus + datif	• *bestehen* : se composer de	
bei + datif	• *sich entschuldigen* : s'excuser auprès de • *sich informieren* : s'informer auprès de	• *sich bedanken* : remercier
für + accusatif	• *sich begeistern* : s'enthousiasmer pour • *sich entscheiden* : se décider pour • *sich interessieren* : s'intéresser à	• *halten* : tenir pour • *sorgen* : se soucier de, veiller à
gegen + accusatif	• *kämpfen* : lutter contre	• *protestieren* : protester contre
in + datif	• *bestehen* : consister en	• *auskennen* : s'y connaître en

mit + datif	• *anfangen / beginnen* : commencer par • *enden* : finir par • *diskutieren / sprechen* : discuter/parler avec • *sich beschäftigen* : s'occuper de	• *telefonieren* : téléphoner à • *vergleichen* : comparer avec • *sich verabreden* : donner rendez-vous à
nach + datif	• *fragen* : se renseigner à propos de • *sich erkundigen* : se renseigner sur	• *suchen* : chercher

NOTEZ BIEN

Fragen se construit avec deux compléments.
Sie fragte mich [acc.] *nach dem Weg* [dat.].
Elle me demanda son chemin.

über + accusatif	• *sich ärgern* : s'énerver à propos de • *sich beklagen* : se plaindre de • *sich informieren* : s'informer de • *berichten* : faire un rapport sur	• *lachen* : se moquer de • *sprechen* : parler de (de manière approfondie) • *nachdenken* : réfléchir à
unter + datif	• *leiden* : souffrir de	
um + accusatif	• *bitten* : demander • *sich handeln* : s'agir de	• *sich kümmern* : s'occuper de
von + datif	• *sprechen* : parler de	
vor + datif	• *Angst haben* : avoir peur de qqch.	• *warnen* : avertir de qqch.
zu + datif	• *beitragen* : contribuer à • *einladen* : inviter à • *gehören* : faire partie de	• *jdm gratulieren* : féliciter de • *passen* : aller avec / convenir à

Quiz express

45

Vérifiez que vous avez bien retenu les points importants

fiches 39 à 44

1 La place du verbe

Formez des phrases avec les mots donnés :

1. heute Abend ich ins Kino (gehe)
2. du mit mir spielen (kannst)
3. Ich glaube, dass er krank (ist)

2 De la forme active à la forme passive

Transformez les phrases suivantes.

1. Er lud sie zum Essen ein.
2. Er hat es verkauft.
3. Wir werden es übersetzen.
4. Man soll ihn nicht stören.

3 Style indirect et subjonctif I

Les transformations sont-elles correctes ou non ?

1. Ich stehe auf. → Er sagt, er stehe auf.
2. Wir kommen. → Er sagt, wir werden kommen.
3. Es ist passiert → Er sagt, es wäre passiert.

4 Les verbes de modalité

Complétez avec le verbe de modalité qui convient.

1. Er *hat die Absicht*, nach Deutschland zu fahren.
→ Er ...... nach Deutschland fahren.
2. *Sie ist nicht in der Lage*, Deutsch zu sprechen.
→ Sie ...... nicht Deutsch sprechen.
3. *Es ist verboten*, vor dem Eingang zu parken.
→ Man ...... vor dem Eingang nicht parken.

5 Particule séparable ou préfixe verbal ?

Mettez les verbes au parfait.

1. Nimmst du an dem Abend teil? **2.** Er verlernt schnell. **3.** Der Film fängt um 8 Uhr an. **4.** Ich erfahre es soeben.

Corrigés !

Score : … / 17

1 *La place du verbe*

Fiche 39

1. Heute Abend gehe ich ins Kino.
Le verbe est en 2e position après un adverbe.

2. Kannst du mit mir spielen?
Le verbe est en 1re position dans une proposition interrogative.

3. Ich glaube, dass er krank ist.
On place ici le verbe en dernière position car c'est une subordonnée.

2 *De la forme active à la forme passive*

Fiche 40

1. Sie wurde von ihm zum Essen eingeladen.

2. Es ist von ihm verkauft worden.

3. Es wird von uns übersetzt werden.

4. Er soll nicht gestört werden.

3 *Style indirect et subjonctif I*

Fiche 41

1. La forme est juste.

2. La forme est fausse. La forme exacte serait : *Er sagt, wir würden kommen*.

3. La forme est fausse. La forme exacte serait : *Er sagt, es sei passiert*.

4 *Les verbes de modalité*

Fiche 42

1. Er will nach Deutschland fahren.
Il s'agit d'une intention.

2. Sie kann nicht Deutsch sprechen.
On exprime ici l'incapacité.

3. Man darf vor dem Eingang nicht parken.
C'est une interdiction.

5 *Particule séparable ou préfixe verbal ?*

Fiche 43

1. Hast du an dem Abend teilgenommen?

2. Er hat schnell verlernt.

3. Der Film hat um 8 Uhr angefangen.

4. Ich habe es soeben erfahren.

La phrase négative

46

QUIZ p. 95

Il y a plusieurs sortes de négation. On peut nier une phrase entière ou une partie de la phrase ou seulement un mot.

1 La négation globale

Elle porte sur l'ensemble de la proposition.
Elle se traduit par *nicht*, qui se place devant le groupe verbal ou en fin de phrase autonome.

- *Sie bleibt nicht zu Hause.* (groupe verbal : *zu Hause bleiben*)
  Elle ne reste pas chez elle.
- *Er will nicht zugeben, dass er schuldig ist.*
  Il ne veut pas reconnaître qu'il est coupable.
- *Ich nehme ihn nicht mit.* (groupe verbal : *mitnehmen*)
  Je ne l'emmène pas.
- *Sie mag seinen Kaffee nicht.*
  Elle n'aime pas son café.

2 La négation partielle

Elle porte sur un mot ou sur une partie de la phrase.
Elle se traduit par :

▶ ***nicht* (qui exprime une opposition et est suivi souvent de *sondern*)** ;

- *Nicht er war zornig, sondern sein Bruder.*
  Ce n'est pas lui qui était en colère, mais son frère.
- *Er fährt nicht nach Frankfurt, sondern nach Stuttgart.*
  Il ne va pas à Francfort, mais à Stuttgart.

▶ ***kein* (négation d'un article indéfini ou d'un partitif) qui se décline et se place devant le mot nié.**

- *Wir haben keine Katze.* Nous n'avons pas de chat.
- *Wir haben keine Blumen im Garten.* Nous n'avons pas de fleurs dans le jardin.
- *Er trinkt keinen Kaffee.* Il ne boit pas de café.
- *Sie hat keine Lust, ins Kino zu gehen.*
  Elle n'a pas envie d'aller au cinéma.

3 Quelques locutions et expressions négatives

▶ *noch nicht* : ne… pas encore

Er ist noch nicht angekommen.
Il n'est pas encore arrivé.

▶ *nicht mehr* : ne… plus

Jetzt wird er nicht mehr kommen.
Maintenant il ne viendra plus,

Devant un partitif, *nicht mehr* devient *kein… mehr.*

Er isst kein Fleisch mehr.
Il ne mange plus de viande.

▶ *gar nicht / gar nichts* : pas du tout / rien du tout

Das war gar nicht geplant.
Ce n'était pas du tout prévu.

▶ *nicht einmal* : même pas

Wir waren nicht einmal informiert.
Nous n'étions même pas informés.

▶ *nicht nur… sondern (auch)* : non seulement… mais encore

Sie waren nicht nur erstaunt, sondern auch wütend.
Ils étaient non seulement étonnés, mais aussi en colère.

▶ *weder… noch* : ni… ni

Weder sein Vater noch seine Mutter wussten Bescheid.
Ni son père ni sa mère n'étaient au courant.

▶ *nichts* : ne… rien (est invariable)

Ich habe nichts gesehen. Je n'ai rien vu.

▶ *nichts* + adjectif substantivé neutre : rien de…

Ich habe nichts Interessantes gefunden.
Je n'ai rien trouvé d'intéressant.

▶ *nie, niemals* : ne… jamais

Das hat sie nie gesagt. Elle n'a jamais dit cela.

▶ *niemand* : personne (invariable ou décliné)

Hast du niemand(en) gesehen?
N'as-tu vu personne ?

Les adverbes usuels

47

QUIZ p. 95

Les adverbes servent à préciser la pensée et sont très utilisés en allemand.

1 La succession dans le temps

▶ Les étapes d'une argumentation

- *zuerst* : d'abord
- *erstens* : premièrement
- *dann* : ensuite
- *schließlich* : finalement
- *endlich* : enfin

> *Zuerst war er erstaunt, dann böse. Schließlich beschloss er, anzurufen.*
> Il fut d'abord étonné, puis en colère. Finalement il décida d'appeler.

▶ Les repères dans le temps

- *vorher / früher* : avant / auparavant
- *einst* : jadis
- *damals* : à cette époque-là
- *jetzt / nun* : maintenant
- *nachher / später* : plus tard, après
- *seitdem* : depuis
- *schon / bereits* : déjà

> *Früher war das Leben anders. Damals ging man zu Fuß oder fuhr mit der Postkutsche. Erst viel später erschien das erste Auto.*
> Autrefois la vie était différente. À cette époque-là, on allait à pied ou on prenait la diligence. Ce n'est que beaucoup plus tard qu'apparut la première automobile.

2 L'hypothèse

- *vielleicht* : peut-être
- *wahrscheinlich* : vraisemblablement
- *hoffentlich* : espérons que…
- *womöglich / möglicherweise* : c'est possible

> *Er hat vielleicht / wahrscheinlich Recht.*
> Il a peut-être / vraisemblablement raison.
> *Hoffentlich hat er Recht!*
> Espérons qu'il a raison !

3 *L'évidence*

- *natürlich* : naturellement
- *selbstverständlich* : il va de soi, évidemment
- *sicher(lich)* : sûrement
- *bestimmt / freilich* : certainement

Selbstverständlich wird er antworten.
Bien sûr qu'il va répondre !
Er hat sicher / bestimmt Verspätung.
Il a sûrement / certainement du retard.

4 *Le regret, la restriction*

- *leider, unglücklicherweise* : malheureusement
- *(je)doch* : pourtant, cependant
- *trotzdem* : malgré tout

Er konnte leider nicht kommen.
Malheureusement, il n'a pas pu venir.
Er hat es jedoch / trotzdem gemacht.
Il l'a cependant fait [malgré tout].

5 Erst *ou* nur

Les deux adverbes signifient « seulement », mais ne sont pas interchangeables.

▶ *Erst* indique un début de processus et est ouvert sur la suite.
Er ist erst 15 Jahre alt. Il a seulement 15 ans.
[C'est une excuse ! Il va s'assagir !]

▶ *Nur*, quant à lui, est restrictif, limitatif et indique plutôt une fin.
Er hat nur 3 Punkte in Mathematik.
Il a seulement 3 en maths. [pas plus]

Les prépositions

48

QUIZ p. 95

Les prépositions sont généralement suivies de l'accusatif ou du datif. Les prépositions suivies du génitif sont plus rares.

1 Les prépositions suivies de l'accusatif

durch par, à travers, grâce à	*Er fährt durch die Stadt.* Il passe par la ville.
für pour	*Für mich ist das klar.* Pour moi c'est clair.
gegen contre	*Er ist immer gegen alles.* Il est toujours contre tout.
ohne sans	*Sie kam ohne ihren Mann.* Elle est venue sans son mari.
um autour de, à [heure]	• *Sie hatte einen Schal um den Hals.* Elle portait un foulard autour du cou. • *Die Vorstellung beginnt um zwei Uhr.* La représentation commence à deux heures.

2 Les prépositions suivies du datif

aus de [provenance], en [matière]	• *Er stammt aus München.* Il est originaire de Munich. • *Der Mantel ist aus echtem Leder.* Le manteau est en cuir véritable.
bei chez [lieu où l'on est], en [simultanéité], près de	• *Er wohnt bei seinen Eltern.* Il habite chez ses parents. • *Beim Essen liest er Zeitung.* En mangeant il lit le journal.
mit avec	*Kommst du mit mir?* Est-ce que tu viens avec moi ?
nach après, en, vers [direction]	• *Nach den Ferien geht er in die Lehre.* Après les vacances, il entre en apprentissage. • *Sie fuhr nach Italien.* Elle alla en Italie.

seit depuis	*Seit einer Woche ist sie krank.* Elle est malade depuis une semaine.
von de, depuis	*Von wem sprichst du?* De qui parles-tu ?
von… ab/an à partir de	*Von heute ab ist es geschlossen.* À partir d'aujourd'hui c'est fermé.
zu à, jusqu'à, chez [lieu où l'on va]	*Kommst du zu mir?* Est-ce que tu viens chez moi ?

3 *Les prépositions suivies du génitif*

Très souvent le génitif a tendance à disparaître et à être remplacé par le datif.

statt au lieu de	*Statt seines Freundes kam sein Bruder.* Au lieu de son ami, c'est son frère qui vint.
trotz malgré	*Sie wollte trotz des Regens (dem Regen) hinaus.* Elle voulait sortir malgré la pluie.
während pendant	*Während der Fahrt sagte sie kein Wort.* Pendant le trajet, elle n'a pas dit un mot.
wegen à cause de	*Wegen eines Unfalls (einem Unfall) konnte er nicht kommen.* À cause d'un accident, il n'a pas pu venir.

Situer dans l'espace

49

QUIZ p. 95

1 Les prépositions spatiales

Les prépositions spatiales sont suivies :
– **de l'accusatif quand il y a déplacement ou changement de lieu** (directif) ;
– **du datif dans le cas contraire** (locatif).

an à, au contact de	• *Ich schreibe es an die Tafel.* Je l'écris au tableau. • *Es steht an der Tafel.* C'est écrit au tableau.
auf sur	• *Er stellte den Teller auf den Tisch.* Il mit l'assiette sur la table. • *Es liegt auf der Hand.* C'est évident.
hinter derrière	• *Sie stellte das Fahrrad hinter die Tür.* Elle posa le vélo derrière la porte. • *Sie wartete hinter der Tür.* Elle attendait derrière la porte.
in dans, en	• *Er fährt in die Stadt.* Il va en ville. • *Er lebt in der Stadt.* Il vit en ville.
neben à côté	• *Sie setzte sich neben mich.* Elle s'assit à côté de moi. • *Sie sitzt neben mir.* Elle est assise à côté de moi.
über au-dessus	• *Er geht über die Straße.* Il traverse la rue. • *Über dem Tisch hängt eine Lampe.* Au-dessus de la table, il y a une lampe.
unter sous	• *Ich legte es unter ein Kissen.* Je le mis sous un coussin. • *Er liegt unter einem Baum.* Il est allongé sous un arbre.
vor devant, il y a	• *Er setzte sich vor mich.* Il s'est assis devant moi. • *Vor einer Woche ist er abgereist.* Il est parti il y a une semaine.
zwischen entre	• *Sie legt es zwischen die Bücher.* Elle le met entre les livres. • *Zwischen den zwei Türen steht ein Schrank.* Entre les deux portes, il y a une armoire.

2 Le locatif

Le locatif répond à la question *Wo?* et indique le **lieu où l'on est** ou un déplacement à l'intérieur d'un même lieu.

A La forme du locatif

▶ Le complément se met au **datif** après les propositions spatiales ***an, auf, hinter, in, neben, über, unter, vor, zwischen.***

Er wohnt in einem Dorf. Il habite dans un village.

▶ Devant un nom de pays ou de ville : *in* + datif.

Er wohnt in der Schweitz in Zürich. Il habite en Suisse, à Zurich.

B Son utilisation

Le locatif suit un **verbe de position** (intransitif et fort) comme : *hängen (i, a, a, ä)* (être suspendu / accroché), *sitzen (saß, gesessen)* (être assis), *liegen (a, e)* (être couché) ou *stehen (stand, gestanden)* (être debout).

Er liegt im Bett. Il est au lit.

3 Le directif

Le directif répond à la question *Wohin?* et indique un **déplacement** ou un **changement de lieu**.

A La forme du directif

▶ Le complément est à **l'accusatif** après les prépositions spatiales : *an, auf, hinter, in, neben, über, unter, vor, zwischen*.

Sie fährt ans Meer. Elle va à la mer.

▶ Devant un nom de pays ou de ville sans article : *nach* + datif.

Sie fährt nach Berlin. Elle va à Berlin.

▶ Quand le nom du pays est précédé de l'article : *in* + accusatif.

Er fährt in die Schweiz. Il va en Suisse.

B Son utilisation

Le directif suit un **verbe de mouvement** (transitif et faible) comme : *hängen* (accrocher/suspendre), *(sich) setzen* (s'asseoir), *(sich) legen* (se coucher / poser à plat) ou *stellen* (placer / mettre debout).

Er legt sich ins Bett. Il se met au lit.

Situer dans le temps

50

QUIZ p. 95

Il existe différents outils linguistiques pour donner une indication de temps. On peut utiliser des adverbes, des expressions à l'accusatif ou des prépositions.

1 Adverbes

- *gestern* : hier
- *heute* : aujourd'hui
- *morgen* : demain
- *vormittags* : le matin
- *nachmittags* : l'après-midi
- *tagsüber* : pendant la journée
- *gestern früh* : hier matin
- *heute Morgen* : ce matin
- *morgen früh* : demain matin
- *mittags* : à midi
- *abends* : le soir
- *nachts* : la nuit

- *Gestern hat es geregnet, heute scheint die Sonne.*
  Hier il a plu, aujourd'hui le soleil brille.
- *Tagsüber ist er im Buro.*
  Pendant la journée il est au bureau.

2 Accusatif (dit absolu)

▶ **Pour exprimer une répétition.**

- *jeden Tag* : chaque jour
- *jede Woche* : chaque semaine
- *alle Jahre wieder* : tous les ans (à nouveau)

Das Magazin erscheint jede Woche.
Le magazine paraît chaque semaine.

▶ **Pour écrire la date.**

Mittwoch, den 11. Juli

NOTEZ BIEN

Pour **écrire la date en allemand**, n'oubliez pas les points après le jour et le mois (en chiffres), car il s'agit d'adjectifs numéraux ordinaux.
Mittwoch, den 17. 03. 2015
Mittwoch, den 17. März 2015
[den siebzehnten (Tag) des dritten (Monats)]

3 Compléments introduits par une préposition

▶ ***an* + datif pour les moments de la journée et le jour.**

*Am Morgen, **am** Abend, am 11. Juli…*
Le matin, le soir, le 11 juillet…

▶ ***in* + datif pour le mois, la saison, la nuit et le futur.**

Im Januar, im Sommer, in der Nacht, in einem Jahr…
En janvier, en été, dans la nuit, dans un an…

▶ ***zu* + datif pour les fêtes.**

Zu Weihnachten, zu Ostern…
Pour/À Noël, pour/à Pâques…

▶ ***vor* + datif pour le passé.**

Vor einem Jahr, vor einer Woche…
Il y a un an, il y a une semaine…

▶ ***um* + accusatif pour l'heure.**

Um zwei Uhr… à deux heures…

▶ **Pour indiquer l'année**, la façon la plus courante est de donner le chiffre sans préposition.

1998 fand die Fußballweltmeisterschaft in Frankreich statt.
En 1998, la Coupe du monde de football a eu lieu en France.

On peut dire aussi :

Im Jahre 1961 wurde die Berliner Mauer gebaut.
En 1961 fut construit le mur de Berlin.

Les propositions subordonnées

51

QUIZ p. 95

Une proposition subordonnée est introduite par un mot de subordination qui peut être une conjonction de subordination, un mot interrogatif, un pronom relatif. Il peut s'agir également d'une subordonnée infinitive. Le groupe verbal est toujours en dernière position.

1 Les subordonnées sujet ou objet

A La subordonnée infinitive et la subordonnée introduite par *dass*

La subordonnée infinitive et la subordonnée introduite par *dass* peuvent être **sujet ou objet** dans la phrase.

- *Es ist schön, durch den Wald zu wandern.* [sujet]
  Il est agréable de se promener dans la forêt.
- *Ich glaube, dass er heute Abend ankommt.* [objet]
  Je crois qu'il arrive ce soir.

B La subordonnée interrogative indirecte

▶ ***Ob*** **(si)**

L'interrogation globale est introduite par *ob*.

Ich weiß nicht, ob er kommt. (Kommt er oder nicht?)
Je ne sais pas s'il viendra.

▶ ***Wann, wo, wie…*** **(quand, où, comment…)**

L'interrogation partielle est introduite par un mot interrogatif : *wann, wo, wie, warum, wer…*

Er fragt, wo sie ist / warum sie noch nicht da ist.
Il demande, où elle est / pourquoi elle n'est pas encore là.

2 Les subordonnées relatives

Elles sont introduites par un pronom relatif qui se décline.

A Déclinaison du pronom relatif

Le pronom relatif se décline selon sa fonction dans la proposition. Sa déclinaison est celle de l'article défini sauf au datif pluriel et au génitif.

	Masculin	Féminin	Neutre	Pluriel
Nominatif	der	die	das	die
Accusatif	den	die	das	die
Datif	dem	der	dem	denen
Génitif	dessen	deren	dessen	deren

- *Mein Bruder, der* [sujet] *in Berlin studiert, ist älter als ich.* Mon frère, qui fait ses études à Berlin, est plus âgé que moi.
- *In dem Haus, das* [complément d'objet] *du siehst, wohnt ein Freund.* Dans la maison que tu vois habite un ami.
- *Die Kinder, mit denen* [complément prépositionnel] *ich eben sprach, kenne ich schon lange.* Je connais depuis longtemps les enfants auxquels je viens de parler.

B Traduction de « dont »

« Dont » ne se traduit pas toujours par un génitif.

Il n'a pas encore la place dont il rêve.
Die Stelle, von der er träumt, hat er noch nicht.

NOTEZ BIEN

- Le pronom relatif au génitif fonctionne comme un génitif saxon, c'est-à-dire qu'il n'est pas suivi d'un article.
  Mein Bruder, dessen Freundin in Berlin studiert, lebt in Bonn.
  Mon frère, dont l'amie étudie à Berlin, vit à Bonn.
- Quelquefois, *dessen* et *deren* remplacent le déterminant possessif.
  Das sind Meyers. Deren Haus solltest du mal sehen!
  Ce sont les Meyer. Tu devrais voir leur maison !

3 Les subordonnées de but

Ces subordonnées peuvent se construire à l'aide de la conjonction *damit* ou sous la forme d'une infinitive.

▶ ***Damit*** s'utilise quand le sujet de la principale n'est pas le même que celui de la subordonnée.

Er schwieg, damit sie nicht merkte, wie traurig er war.
Il se tut pour qu'elle ne s'aperçoive pas de sa tristesse.

▶ Lorsque le sujet de la principale est le même que celui de la subordonnée, on peut utiliser ***um… zu***.

Er schwieg, um sie nicht zu verletzen.
Il se tut pour ne pas la blesser.

Les subordonnées circonstancielles 52

? QUIZ p. 95

1 Temps

▶ ***Als / wenn* (quand, lorsque)**

• *Als* s'emploie quand il s'agit d'un fait unique dans le passé.

Als ich ein Kind war, existierte das Handy noch nicht.
Lorsque j'étais enfant, le portable n'existait pas encore.

• *Wenn* s'emploie lorsque l'action se répète ou se situe dans le présent ou le futur.

Wenn er nach Deutschland kommt, besucht er uns.
Quand il vient en Allemagne, il nous rend visite.

▶ ***Bevor / nachdem* (avant que / après que)**

• Après *bevor* et *nachdem*, il faut toujours un verbe conjugué (et non un infinitif comme souvent en français).

Bevor er frühstückte, wusch er sich.
Avant de déjeuner, il fit sa toilette.

• Après *nachdem*, le temps du verbe doit être obligatoirement antérieur à celui de la principale : parfait quand la principale est au présent ou plus-que-parfait quand elle est au prétérit.

Nachdem sie ihre Arbeit verloren hatte, blieb sie lange Zeit arbeitslos.
Après avoir perdu son emploi, elle resta longtemps au chômage.

▶ ***Seitdem* (depuis que)**

Seitdem er in Berlin wohnt, sehen wir ihn nicht mehr.
Depuis qu'il habite Berlin, nous ne le voyons plus.

▶ ***Bis* (jusqu'à ce que)**

Ich warte, bis sie kommt.
J'attends (jusqu'à ce) qu'elle arrive.

▶ ***Sobald, solange* (dès que, aussi longtemps que)**

Sobald sie kommt, können wir gehen.
Dès qu'elle arrivera, nous pourrons partir.

▶ ***Während* (pendant que / tandis que)**

Während er frühstückte, hörte er die Nachrichten im Radio.
Pendant qu'il déjeunait, il écoutait les nouvelles à la radio.

▶ *Indem* (tandis que / « en » + participe présent)

Er hat mich zum Lachen gebracht, indem er Witze erzählte.
Il m'a fait rire en racontant des blagues.

2 Condition

▶ *Wenn* (si) peut être suivi de l'indicatif ou du subjonctif II.

Wenn er Zeit hat, besucht er uns.
S'il a le temps, il viendra nous voir.
Wenn ich das gewusst hätte, hätte ich mir nicht so viel Mühe gegeben.
Si j'avais su cela, je ne me serais pas donné autant de mal.

3 Cause

▶ *Da* (étant donné que, comme, puisque)

Da er im Moment keine Zeit hat, ist er nicht zu sehen.
Comme il n'a pas de temps en ce moment, on ne le voit pas.

▶ *Weil* (parce que)

Sie spricht kaum, weil sie sehr schüchtern ist.
Elle ne parle guère, parce qu'elle est très timide.

4 Conséquence

▶ *So… dass* (si [bien] que, de telle sorte que)

Sie ist so schüchtern, dass sie kaum spricht.
Elle est si timide qu'elle ne parle guère.

5 Concession

▶ *Obwohl, obschon, obgleich* (bien que, quoique)

Obwohl er krank ist, ist er zur Arbeit gegangen.
Bien qu'il soit malade, il est allé travailler.

ATTENTION ! *Obwohl* n'est pas suivi du subjonctif en allemand.

▶ *Wenn… auch* (même si…)

Wenn er auch krank ist, so kann er doch anrufen.
Même s'il est malade, il peut téléphoner.

▶ *Wie… auch* (quoi… que)

Wie dem auch sei, er muss mitmachen !
Quoi qu'il en soit, il doit participer !

REMARQUE Dans ce cas particulier, la principale se construit comme une phrase autonome, avec le verbe en deuxième position.

Exprimer la comparaison

53

QUIZ p. 95

Pour exprimer la comparaison, on utilise le comparatif ou le superlatif, mais aussi la subordonnée de comparaison.

1 Comparatif et superlatif

A Le comparatif de supériorité

▶ Le comparatif de supériorité se forme toujours en ajoutant à l'adjectif ou à l'adverbe le **suffixe *-er*** (+ *Umlaut* sur le radical quand c'est possible).

- *Er ist jünger als ich.*
  Il est plus jeune que moi.
- *Dieser Wagen fährt schneller als meiner.*
  Cette voiture roule plus vite que la mienne.

NOTEZ BIEN

- « De plus en plus » se traduit par *immer* + comparatif.
  Sie wird immer frecher.
  Elle devient de plus en plus insolente.
- « D'un certain… » se traduit par un comparatif.
  eine ältere Dame : une dame d'un certain âge

B Le comparatif d'égalité ou d'infériorité

▶ Le **comparatif d'égalité** est introduit par *so… wie*. L'adjectif est invariable.

▶ Celui d'**infériorité** se construit avec *nicht so… wie*.

Er ist nicht so dumm wie ich glaubte.
Il n'est pas aussi bête que je croyais.

C Le superlatif

▶ Le **superlatif de l'adjectif** est formé avec l'article défini et le suffixe *-ste*. Il se décline comme l'adjectif épithète.

- *Sie war heute Abend die Schönste.*
  Elle était la plus belle ce soir.
- *Das war die beste Lösung.*
  C'était la meilleure solution.

▶ Le **superlatif de l'adverbe** est formé avec *am* + le suffixe *-sten*. Il est invariable.

Dieser Wagen fährt am schnellsten.
Cette voiture est la plus rapide.

D Comparatifs et superlatifs irréguliers

Adverbe	Comparatif	Superlatif
bald bientôt	*eher* plutôt	*am ehesten* au plus tôt
gern volontiers	*lieber* mieux	*am liebsten* le mieux

Adjectif/ Adverbe	Comparatif	Superlatif de l'adjectif	Superlatif de l'adverbe
gut bon	*besser* meilleur	*der/die/das Beste* le/la meilleur(e)	*am besten* au mieux
hoch haut	*höher* plus haut	*der/die/das Höchste* le/la plus haut(e)	*am höchsten* au plus haut
viel beaucoup	*mehr* plus	*die meisten* la plupart	*am meisten* le plus

2 La subordonnée de comparaison

▶ ***Als, wie* : que, comme**

La subordonnée, souvent incomplète (verbe sous-entendu), est introduite par *als* ou *wie*. *Als* suit un comparatif de supériorité, alors que *wie* suit un comparatif d'égalité ou d'infériorité.

- *Er ist größer als ich (bin).*
  Il est plus grand que moi.
- *Er hat nicht so viel Geld wie ich dachte.*
  Il n'a pas autant d'argent que je croyais.

▶ ***Je… desto* : plus… plus**

• *Je* + comparatif de supériorité introduit une subordonnée : le groupe verbal sera donc en dernière position.

• *Desto* + comparatif de supériorité introduit la principale : le verbe conjugué sera donc en deuxième position.

Je größer das Angebot ist, desto billiger werden die Produkte.
Plus l'offre est grande, plus les produits sont bon marché.

Quiz express

Vérifiez que vous avez bien retenu les points importants fiches 46 à 53

54

1 La phrase négative

1. Placez *nicht* au bon endroit.

a. Er hat viel zu lesen. b. Er verpasst den Bus.
c. Sie kommt heute, sondern morgen.

2. Répondez aux questions par la négative.

a. Habt Ihr schon einen neuen Computer? Nein, wir... .
b. Brauchen wir Fleisch? Nein, wir... .

2 Situer dans l'espace

Déclinez correctement l'article défini.

1. Er lebt in d.... Stadt. 2. Sie fährt in d.... Stadt.
3. Er legt die Mappe auf d.... Tisch. 4. Sie liegt in ihr ..... Bett.

3 Situer dans le temps

Complétez par la bonne préposition.

1. .... Weihnachten hat es geschneit.
2. .... einer Woche regnete es noch.
3. .... Sommer haben wir Ferien.

4 Les propositions subordonnées

1. Ich frage mich, ... er kommen wird.
☐ a. wenn ☐ b. ob ☐ c. damit
2. Er ging in sein Arbeitszimmer, ... man ihn nicht störte.
☐ a. um ☐ b. weil ☐ c. damit
3. .... sie ihn erblickt hatte, war sie beruhigt.
☐ a. Bevor ☐ b. Bis ☐ c. Nachdem

5 Les degrés de comparaison

1. Es wird immer (kalt).
☐ a. kalter ☐ b. kälter ☐ c. kalt
2. Er trinkt (gern) Bier ..... Wein.
☐ a. lieber... als ☐ b. besser ... wie ☐ c. so gern... als
3. Im Winter sind die Tage (kurz).
☐ a. kurzer ☐ b. kürzest ☐ c. am kürzesten

Corrigés !

Score : … / 18

1 *La phrase négative*

Fiche 46

1. a. Er hat nicht viel zu lesen.
Le groupe verbal est *viel lesen*.
b. Er verpasst den Bus nicht.
Le groupe verbal est *verpassen*.
c. Sie kommt nicht heute, sondern morgen.
La négation porte sur le terme *heute*.

2. a. Nein, wir haben noch keinen neuen Computer.
b. Nein, wir brauchen kein Fleisch.

2 *Situer dans l'espace*

Fiche 49

1. *in der Stadt* : lieu où l'on est.

2. *in die Stadt* : lieu où l'on va.

3. *auf den Tisch* : indique un mouvement.

4. *in ihrem Bett* : indique une position statique.

3 *Situer dans le temps*

Fiche 50

1. *Zu Weihnachten* : il s'agit d'une fête.

2. *Vor einer Woche* : « il y a une semaine » ; on indique une durée.

3. *Im Sommer* : *in* + datif permet d'indiquer la saison.

4 *Les propositions subordonnées*

Fiches 51 et 52

1. b. *ob* : introduit une interrogation indirecte.

2. c. *damit* : introduit une subordonnée de but dont le sujet est différent de celui de la principale.

3. c. *Nachdem* : le temps de la subordonnée est antérieur à celui de la principale.

5 *Les degrés de comparaison*

Fiche 53

1. b. Es wir immer kälter. (de plus en plus)

2. a. Er trinkt lieber Bier als Wein. (plutôt … que)

3. c. Im Winter sind die Tage am kürzesten. (le plus court)

Achevé d'imprimer en Italie par L.E.G.O. S.p.A. à Lavis
Dépôt légal : 04422-7/02 – Août 2019

PAPIER À BASE DE FIBRES CERTIFIÉES
Hatier s'engage pour l'environnement en réduisant l'empreinte carbone de ses livres. Celle de cet exemplaire est de : 600 g éq. CO_2 Rendez-vous sur www.hatier-durable.fr